历史与结构观点下的群论

邓明立　王　涛　著

科　学　出　版　社

北　京

内 容 简 介

群论是抽象代数学的一个最主要的分支. 本书是关于群论的普及读物，主要包括群论的基本组成部分：集合、结构、循环群、交换群、置换群、正规子群、商群、同态定理、群作用、西罗定理、群表示等内容.

除此之外，本书还对群论进行了总结，就群与对称、群论的历史渊源与理论框架、有限单群分类定理、群论在中国的发展等几个专题进行了论述.

本书的一大特点是从历史的观点出发，或重新证明当年的例子，或论述相关数学家的人和事儿，最大限度地从历史中汲取营养.

本书可供数学专业的高年级本科生、研究生和教师阅读参考，也可供群论和数学文化爱好者阅读.

图书在版编目(CIP)数据

历史与结构观点下的群论/邓明立，王涛著. —北京：科学出版社，2016.7
ISBN 978-7-03-049451-1

Ⅰ. ①历… Ⅱ. ①邓… ②王… Ⅲ. ①群论-普及读物 Ⅳ. ①O152-49

中国版本图书馆 CIP 数据核字 (2016) 第 172629 号

责任编辑：李 欣／责任校对：张凤琴
责任印制：吴兆东／封面设计：陈 敬

科 学 出 版 社 出版
北京东黄城根北街 16 号
邮政编码：100717
http://www.sciencep.com
北京虎彩文化传播有限公司 印刷
科学出版社发行 各地新华书店经销
*
2016 年 8 月第 一 版 开本：720 × 1000 B5
2022 年 3 月第四次印刷 印张：9 3/4
字数：165 000

定价：58.00 元

(如有印装质量问题，我社负责调换)

前 言

20 世纪最伟大的数学家之一外尔 (H. Weyl)在《半个世纪的数学》(*A Half-Century of Mathematics*) 中曾写道:

> "群的概念是由年轻的法国天才埃瓦利斯特·伽罗瓦 (Évariste Galois) 引进的, 现在已经扩散到整个数学中, 没有群就不可能理解现代数学."

从本质上来看, 群来源于对称性, 对称函数的概念正好是代数方程求解的基础. 虽然不少人都知道群是由伽罗瓦在解决高次方程不可解的过程中引入的, 但伽罗瓦引入的群实质上是置换群, 而且群至少还有其他两个来源: 数论与几何, 这是较少提到的.

早期的数学家都以置换群为研究对象. 1872 年, 克莱因 (F. Klein) 将置换群推广到变换群, 并以此来统一几何, 这就是著名的"埃尔朗根纲领". 与此同时, 挪威数学家李 (M. S. Lie) 则提出了连续变换群的概念, 群的概念进一步扩大. 经过数学家的不断抽象, 到 20 世纪初, 群已经变成一个非常抽象的结构了. 这种抽象的数学结构除了在解决古典数学问题上显示了威力外, 在其他数学分支与学科也有极大用处.

数学结构是自由的, 同时又是必然的. 数学家可以随心所欲地定义结构并从公理出发建立它们的理论, 但只有被同行们感兴趣和有用的结构才能被最终接受, 因此诸如抽象代数等学科的诞生也就不足为奇了. 纵观历史, 我们会被这种自由和必然的互动深深打动.

本书的一大特点是从历史与结构的观点出发, 重新梳理群论及其相关理论, 注重历史细节与数学思想. 本书是著者及著者所带领的团队, 多年来在近现代数学史研究成果的一次直接应用, 其目的是通过对历史的研究与总结, 增加对现代数学的理解. 莱布尼茨 (G. W. Leibniz) 曾说过:

> "数学史的用处不只是历史可以赋予每个人应有的地位, 其他人可以

盼望得到同样的赞誉, 而且它还使发现的技艺得到推进, 它的方法通过著名的例子而为大家通晓."

值得注意的是, 本书虽然用到了历史, 但却不属于历史著作.

从本书的名称来看, 同克莱因的《高观点下的初等数学》有某种亲缘关系. 需要说明的是, 本书不是教材, 也不是教辅, 因此不包含习题. 它可为那些对群论感兴趣的人提供一些参考, 从中领会到一些教材中未提及的思想, 了解到一些教辅中没有的历史, 从而有助于理解抽象难懂的群论.

在写作过程中, 著者得到了国家自然科学基金 (项目编号: 11320002, 11271108) 与河北省科技计划项目 (项目编号: 14K56206D) 的支持. 中国科学院数学与系统科学研究院胡作玄先生给了我们很多指导和帮助. 对于其他人的帮助, 在此一并致谢.

最后, 限于著者水平, 书中出现疏漏之处在所难免, 希望读者批评指正!

邓明立 王 涛

2016 年 1 月

目　　录

第 1 章　集　　合

1.1　集　　合

集合是日常生活中经常使用的字眼, 理解起来也不是很困难. 从中学第一次接触集合开始, 几乎每一门数学课程都将它作为开始. 然而集合又是一个相当难定义的概念, 很少有课本给出它的严格的定义. 我们不妨看一下范德瓦尔登 (B. L. van der Vaerden)是如何在他的名著《近世代数学》(*Modern Algebra*) 中定义集合的.

> 我们总是考虑某些确定的对象, 譬如数字、字母或者它们的组合. 每个具有或者不具有的性质的对象就定义一个集合或者类.

从上面我们可以明显看出, 集合的定义是非常简单的. 但是作者倾向于下面那样定义集合, 以突出集合化的思想. 实际上, 集合论之所以重要, 主要是在于集合化的思想. 若没有集合化, 像泛函分析、点集拓扑这些学科是不可想象的. 更加出人意料的是, 一些病态的集合 (如康托尔三分集、佩亚诺曲线) 日后竟成为混沌与分形的基础, 这真是有点不可思议.

定义 1.1.1　把考察的对象放在一起构成**集合**(set), 这些考察的对象叫作**元素**(element), 记为 $a \in A$, 否则记为 $a \notin A$. 不含有任何元素的集合叫**空集**(empty set), 记作 $\varnothing$.

定义了集合, 也就是确定了它的元素, 这些元素不能相同, 但是地位平等. 表示集合主要有两种方法, 分别是列举 $A = \{a, b, c\}$ 与描述 $B = \{x|x > 1\}$. 我们常用到的集合有固定表示: 整数集合 $\mathbb{Z}$, 有理数集合 $\mathbb{Q}$, 实数集合 $\mathbb{R}$, 复数集合 $\mathbb{C}$ 等.

集合之间还有一些关系. 如果集合 A 的每一个元素都是集合 B 的元素, 则称集合 A 为集合 B 的子集, 记为 $A \subseteq B$. 反之, 则称集合 B 为集合 A 的子集, 记为 $B \subseteq A$. 规定空集 $\varnothing$ 为任何集合的子集. 如果集合 $A \subseteq B$, 并且 $A \neq B$, 则称集合 A 为集合 B 的真子集, 记为 $A \subsetneq B$. 显然, 如果集合 A 中的元素都在集合 B 中,

同时集合 B 中的元素也在集合 A 中, 则集合 A 与 B 相等.

一个集合 A 的所有子集组成的集合, 称为**幂集合**(power set), 记为 $P(A)$. 显然, 原集合 A 的元素数目远小于幂集合 $P(A)$ 元素的数目. 一个自然的问题是, 含有有限个元素的集合, 它的幂集合元素的个数是多少? 这个结果不难通过数学归纳法得到.

定理 1.1.2 含有 n 个元素集合的子集的个数为 2^n.

但是, 将定理 1.1.2 推广到无穷集合上时, 结果就不再初等了, 这个问题我们将在下一节讨论.

集合还可以运算, 两个集合 A 与 B 共有的元素集合称为集合 A 与 B 的交集, 记作 $A\cap B$. 两个集合 A 与 B 元素并归在一起所构成的集合称为集合 A 与 B 的并集, 记作 $A\cup B$. 它们都可以推广到无穷的情形. 两个集合还可以相乘, 构成积集合, 称为集合 A 与 B 的笛卡儿积, 记作 $A\times B=\{(a,b)|a\in A, b\in B\}$.

上面陈述的集合定义以及与之相关的理论, 并没有采用我们熟悉的公理化方法, 因此被称为朴素的集合论. 这似乎与我们的直观感觉有些偏差, 因为我们已经习惯于称数学是一门精确、严密的科学. 数学之所以被称为精密的科学, 主要原因在于数学是通过逻辑推导的, 那么数学与逻辑的关系是怎么样的呢? 好像我们从来不思考这样的问题.

哲学家们对这类问题的兴趣远大于数学家, 他们曾对此进行了细致的研究. 大哲学家罗素 (B. Russell)曾试图把数学还原为逻辑, 也就是把数学纳入到逻辑学范围内, 这就是科学哲学中的"逻辑还原主义". 需要说明的是, 这种逻辑还原思想并非是哲学家和逻辑学家首创, 而是从数学家论证非欧几何的无矛盾性中获得灵感, 这是一个数学和哲学互动的典型案例.

数学无疑需要逻辑, 这点数学家们是无异议的. 大数学家麦克莱恩 (S. Maclane)①认为逻辑是数学的免疫系统, 起着卫生的作用. 但数学不能化为逻辑, 亦不能过分追求逻辑. 数学的严密性是相对而言的, 过分追求逻辑就会产生悖论. 集合论的创始人康托尔 (G. Cantor)在引入集合概念的过程中, 就敏锐地注意到不能提

① 麦克莱恩, 美国数学家, 同调代数和范畴论的创始人, 主要研究领域为代数学和代数拓扑. 他的著作《近世代数概论》(*A Survey of Modern Algebra*) 曾帮助过几代人理解近世代数, 至今仍是一本非常有价值的参考书和教材.

所有集合的集合.

图 1 集合论的创始人 —— 康托尔

1902 年, 罗素在给弗雷格 (G. Frege)的一封信中首次提到了一个悖论. 这就是著名的罗素悖论:

> 集合分成两类, 一类是集合不是它本身的元素, 一类是集合是它本身元素, 考虑所有前一种的集合类 A, 那么 A 属于哪一类呢?

这个仅涉及元素、属于等基本概念的悖论, 对朴素集合论的打击颇大. 这个悖论经普及后以“理发师悖论”而闻名. 之后, 又有一大批悖论被相继发现. 值得一提的是, 发现这些悖论的人并非都是数学家与哲学家, 有的只是中学教师, 甚至图书管理员.

为了消除悖论, 数学家们自然而然地想到了公理化的方法. 公理化集合论也确实消除了悖论, 但却不能保证未来没有新的矛盾. 目前较为通用的公理化集合论系统是策梅洛 (E. Zermelo)-弗兰克尔 (A. Fraenkel)公理系统与冯 • 诺依曼 (J. von Neumann)-伯奈斯 (P. Bernays)-哥德尔 (K. Gödel) 公理系统. 前者简称 ZF 系统, 后者简称 NBG 系统.

公理化集合论如今已发展成为一门相对独立的分支, 属于数理逻辑的范畴, 与具体数学的关联已经不大. 而具体的数学分支一般也只引进集合论的基本知识, 选取内容因自身理论可能稍有不同. 因此可以毫不客气地说, 现代数学的基础正是朴素的集合论, 康托尔的贡献的确是划时代的.

【康托尔与集合论】

1845 年, 康托尔出生于圣彼得堡的一个犹太家庭. 因父亲患病, 康托尔全家于 1856 年迁到德国的法兰克福. 1862 年, 康托尔进入到瑞士苏黎世大学学习. 一年以后, 他转到柏林大学主修数学. 柏林大学是当时德国最好的大学, 魏尔斯特拉斯 (K. Weierstrass)、库默尔 (E. Kummer)与克罗内克 (L. Kronecker)都在那里任教.

在库默尔的指导下, 康托尔于 1867 年获得博士学位. 博士毕业后, 康托尔到哈勒大学工作. 在那里, 他从分析中的傅里叶级数问题入手, 注意到连续集与离散集的区别, 并逐渐发现了实数集合不可数. 康托尔注意到集合的势与维数无关, 间接促进了点集拓扑学的发展. 他的著作《一般集合论基础》(*Grundlagen einer Allgemeinen Mannigfaltigkeitslehre*), 奠定了集合论的基础.

康托尔的集合论冲击了传统的观念, 因此遭到了很多人的怀疑与反对, 其中表现最激烈的竟然是他在柏林求学时的老师之一 —— 克罗内克. 克罗内克当时在学术界很有权威, 他对康托尔的反对可谓无所不用其极, 甚至到了人身攻击的地步. 这一事件常被冠名为著名的数学论战或丑闻.

由于克罗内克的攻击, 加上集合论并非完美无缺, 康托尔心力憔悴并且精神崩溃. 从此他的病情时轻时重, 需要经常进住精神病院. 康托尔对数论保持有爱好, 他提出了一系列猜想, 并曾研究过哥德巴赫猜想. 值得一提的是, 康托尔具有优秀的组织才能, 他负责筹备德国数学家联合会, 并发起创建了国际数学家大会.

幸运的是, 随着时间的推移, 数学家们逐渐认识到集合论的重要性. 希尔伯特 (D. Hilbert)高度赞誉康托尔的集合论是数学天才最优秀的作品, 他曾用坚定的语言向他的同代人宣布:

> "没有任何人能将我们从康托尔所创造的集合论的伊甸园中驱赶出来."

1.2 映　射

为了比较不同的集合，各集合之间可以通过映射发生联系. 映射是函数概念的推广，函数的起源可追溯到 16 世纪，但直到 19 世纪 80 年代才被康托尔与戴德金 (R. Dedekind) 建立在集合与映射的基础上. 映射是任意两个集合之间的一个对应，而函数则限制在实数集合 $\mathbb{R}$ 上.

对于集合 A 中的每个元素 a，指定集合 B 中唯一的元素 $b = f(a)$ 与之对应，则 f 为集合 A 到集合 B 的映射，记为 $f : A \to B$. 若 A' 与 B' 分别是集合 A 与 B 的子集，则

$$f(A') = \{f(a) \mid a \in A'\}, \quad f^{-1}(B') = \{a \in A' \mid f(a) \in B'\}$$

分别是 B 与 A 的子集. 其中 $f(A')$ 称为子集 A' 在映射 f 下的**像**(image)，$f^{-1}(B')$ 称为 B' 在映射 f 下的**原像**(inverse image). 需要注意的是，f^{-1} 只是一个符号而已.

设 f 是集合 A 到集合 B 的映射，若 g 是集合 B 到集合 C 之间的映射，则映射 f 与 g 可合成集合 A 到集合 C 的映射 $g \cdot f$，其中 $g \cdot f(a) = g(f(a))$. 如果还存在集合 C 到集合 D 之间的映射 h，则映射 f, g 与 h 的合成还满足结合律：$h \cdot (g \cdot f) = (h \cdot g) \cdot f$.

映射的一个重要作用是用来定义集合上的二元运算. 其实运算的观念早就有了，数学家也在不断地运用. 但如果问运算是什么，却又难以回答. 经过 20 世纪之交数学的严格化，运算被定义为集合上的映射. 对于集合 A，定义 $A \times A$ 到 A 的映射

$$f : A \times A \to A$$

为集合 A 上的一个运算. 这种形式化的定义虽然严格，但却不直观. 二元运算可以推广为任意集合的代数运算 $f : A \times B \to C$，还可以将交换律、结合律与分配律推广到这些运算上.

与函数类似但又有所不同的是，映射有满单之分. f 是集合 A 到集合 B 的映射，对于 A 的任意子集 X，如果集合 B 的每一个元素都至少是集合 A 中一个元素的像，则称映射 f 是**满映射**(surjection).

反过来, 对于集合 B 的子集 Y, 如果是集合 A 中的某些元素的像, 则这些元素称为 Y 的原像. 如果原像唯一, 则称映射 f 是**单映射**(injection). 如果映射既是单映射, 又是满映射, 则映射为**双射**(bijection), 也就是一一映射. 显然, 集合到自身的恒等映射是一个双射.

一一映射的观念很早就有, 甚至早于数字的出现. 在没有清晰的数的认识之前, 古人就是根据一一映射来定义数目相等与否的. 原始人类在打猎过程中采用石子、结绳、刻痕等物件与具体的牲畜一一对应, 从而达到计数的目的.

对于任意的两个集合, 常常需要构造映射, 然后再确定这个映射是否是双射. 在确定映射是否为双射时, 经常采用的方法是分别构造两个映射 $f: A \to B$ 与 $g: B \to A$, 如果 $f \cdot g = 1_B, g \cdot f = 1_A$, 则 f 必为双射. 映射 g 则称为 f 的逆映射, 记为 $g = f^{-1}$.

除了计数, 一一映射的另一个重大贡献在于, 相较于哲学、艺术与宗教, 它首次从数学层面澄清了无穷的概念. 如果两个集合之间存在一一映射, 则称集合 A 与 B 对等, 记为 $A \sim B$. 对等的集合具有相同的**基数**(cardinal number), 用 $\overline{\overline{A}} = \overline{\overline{B}}$ 表示.

为了确定两个集合是否对等, 康托尔以及后来希尔伯特的学生伯恩斯坦 (F. Bernstein)得到了如下定理. 公正地说, 德国人肖德尔 (E. Schröder)也有贡献, 因此也可称肖德尔-伯恩斯坦定理.

定理 1.2.1(伯恩斯坦定理)　如果集合 A 对等于 B 的一个子集, B 又对等于 A 的一个子集, 则 $A \sim B$.

古往今来, 人们对自然数与整数充满了敬畏, 以致毕达哥拉斯 (Pythagoras)认为“万物皆数”. 作为最常见的无穷集合 $\mathbb{Z}$, 首先受到了康托尔的注意. 他将与整数集合 $\mathbb{Z}$ 对等的集合定义为可数集合, 其基数记为 α.

一个自然的问题是, 实数集合 $\mathbb{R}$ 与整数集合 $\mathbb{Z}$ 是否对等? 直观上看, 实数是要比整数多的. 事实也确实如此, 这可谓是康托尔最了不起的发现之一.

定理 1.2.2　实数集合 $\mathbb{R}$ 与整数集合 $\mathbb{Z}$ 不对等.

因此, 实数集合 $\mathbb{R}$ 是一个不可数集合, 它的基数记为 c. 这个证明的思想极为深刻, 所以特别值得一提. 首先, 对每个 $x \in (0,1)$, 定义 $\varphi(x) = \tan\left(\pi x - \dfrac{\pi}{2}\right)$, 可验

证此函数为一一映射, 因此 $\mathbb{R}$ 对等于 $(0,1)$. 对于 $(0,1)$ 中的任意一个实数 a, 都可以唯一地正规表示为

$$a = 0.a_1a_2a_3\cdots = \sum_{n=1}^{\infty}\frac{a_n}{10^n},$$

其中 a_n 不能全为 9, 且不以 0 为循环节. 假设 $(0,1)$ 可排成一个序列

$$(0,1) = \{a^{(1)}, a^{(2)}, a^{(3)}, \cdots\},$$

将这些数表示成正规小数

$$a^{(i)} = 0.a_1^{(i)}a_2^{(i)}a_3^{(i)}\cdots \quad (i = 1,2,3,\cdots),$$

呈对角线形式地选取数字, 构造小数 $b = 0.\ b_1b_2b_3\cdots$ 使得 $b_n = 1$(如果 $a_n^{(n)} \neq 1$), 或者 $b_n \neq 1$(如果 $a_n^{(n)} = 1$). 由于具体的构造, 这个数必不在 $(0,\ 1)$ 中, 矛盾.

这个证明与欧几里得 (Euclid)证明素数无穷多颇为类似. 欧几里得假设素数有限, 然后构造出一个新的素数. 同理, 康托尔假设实数可数, 然后构造出一个新的小数. 在构造这个小数的过程中, 康托尔对角线的方法十分经典, 现代数学的不少课本中仍采用的是这个证明.

我们在上一节曾提到, 幂集合的基数要远大于原集合. 这样不停地取幂集合, 我们就能得到一系列的集合, 它们的基数越来越大, 因此不存在最大的基数. 但是, 我们首先关心的问题是: 可数集幂集合的基数是多少? 对此, 康托尔得到了结果.

定理 1.2.3　可数集的幂集合是不可数集合, 也就是 $2^\alpha = c$.

但康托尔终生没能证明如下猜想.

猜想 1.2.4(连续统猜想)　整数集的基数 α 与实数集的基数 $c = 2^\alpha$ 之间不存在中间基数.

这个猜想与许多具体的数学命题相关, 被希尔伯特列为 23 个问题中的首要问题. 该猜想经过推广还形成了广义连续统猜想, 定义 $\aleph_0 = \alpha, \aleph_i = 2^{\aleph_{i-1}}$ $(i = 1,2,3,\cdots)$, 则有如下猜想.

猜想 1.2.5 (广义连续统假设)　对于任意的无穷基数 κ, 如果 $\aleph_i \leqslant \kappa \leqslant \aleph_{i+1}$, 则必有 $\kappa = \aleph_i$ 或 $\kappa = \aleph_{i+1}$.

1963 年, 美国数学家科恩 (P. Cohen)在哥德尔等人工作的基础上, 证明了在 ZF 公理系统内此猜想是不可判定的, 他也因此获得了 1966 年菲尔兹奖.

直觉在数学定理的“发现”过程中至关重要, 然而集合论中却有相当一些结果与我们的直观不符, 这些定理更像是被“发明”出来的. 比如康托尔在 19 世纪 80 年代得到了如下结果.

定理 1.2.6 实数集合 $\mathbb{R}$ 与欧氏空间 $\mathbb{R}^n$ 对等.

这个结果说明直线可以覆盖曲面与空间, 大大颠覆了数学家对维数的认识. 这也令康托尔迷惑不已, 他甚至开始质疑维数的定义. 好在他的密友戴德金敏锐地指出, 这个一一映射必不连续. 然而意大利数学家佩亚诺 (G. Peano)在 1890 年构造出了一条连续曲线, 这条曲线可以覆盖平面.

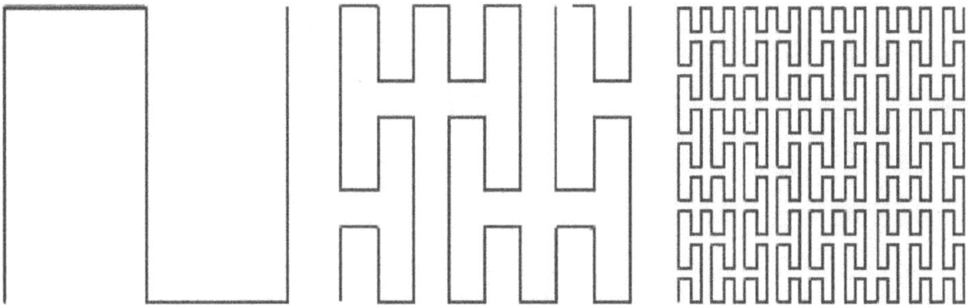

图 2 佩亚诺曲线

由于在确定维数的过程中, 起决定性作用除了一一映射之外, 还要保证连续性. 康托尔的映射虽然是一一映射, 但不连续. 而佩亚诺的曲线虽然连续, 但却不是一一映射. 这一系列的结果导致了维数论与一般拓扑学的进一步发展, 点集拓扑完全是在集合论的基础上发展起来的.

毫无疑问, 直觉与逻辑在数学中都必不可少. 当年瑞典人米塔格-莱弗勒 (Mittag-Leffler)循着阿贝尔 (N. H. Abel)的足迹踏上欧洲大陆求学时, 他首先找到了以直觉见长的法国人埃尔米特 (C. Hermite), 但后者却建议他去找德国人魏尔斯特拉斯, 这位以 ε-δ 见长的分析学家, 那时刚构造出了一个奇妙的连续函数

$$f(x)=\sum_{n=0}^{\infty} b^n \cos(a^n \pi x), \quad a\text{是奇数}, b\in(0,1), ab>1+\frac{3\pi}{2}.$$

这个函数处处连续但却处处不可导!

【康托尔集与科赫雪花】

集合论有相当一部分结果与常识相悖, 最著名的当属康托尔构造的一个"病态"集合 —— 康托尔集.

将闭曲线 $[0,1]$ 三等分, 去掉中间的开区间 $\left(\frac{1}{3},\frac{2}{3}\right)$, 剩下两个闭区间 $\left[0,\frac{1}{3}\right]$ 与 $\left[\frac{2}{3},1\right]$. 对这两个闭区间再去掉中间的 $\frac{1}{3}$ 开区间 $\left(\frac{1}{9},\frac{2}{9}\right)$ 与 $\left(\frac{7}{9},\frac{8}{9}\right)$, 如此不断下去. 由于去掉了可数个不相交的开区间, 所以是闭集. 可以证明康托尔集的基数为 c, 但测度却为 0 ①.

1904 年, 瑞典数学家科赫 (H. von Koch)发现：边界无限的曲线围成的面积有可能是有限的. 这个图形与康托尔集的构造十分相似, 首先考虑一个等边三角形, 然后取每边的 $\frac{1}{3}$, 以它为底做新的等边三角形, 然后重复这个过程无穷次, 最后得到一个雪花状的图形, 称为科赫雪花. 科赫雪花的周长为无穷, 而面积则为 $\frac{\sqrt{3}}{4}\left(1+\frac{3}{4}\sum_{n=0}^{\infty}\left(\frac{4}{9}\right)^{n}\right)=\frac{2\sqrt{3}}{5}$.

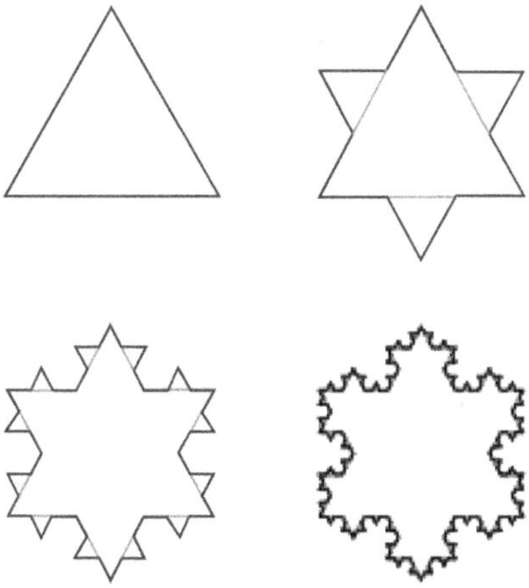

图 3　科赫雪花

科赫曲线这种自相似的图形导致了分形的研究, 法国数学家芒德布罗 (B. Man-

① 测度是类似于长度、面积与体积的概念, 简单来说, 是使集合具有了"长度"的意义.

delbrot)就是用它来作为海岸线模型的. 有关混沌与分形的介绍, 可见丁玖教授在《数学文化》杂志的连载文章“自然的奥秘: 混沌与分形”(2012 年第 3 卷第 1~3 期), 亦可见丁玖教授的专著《智者的困惑: 混沌分形漫谈》(高等教育出版社, 2013).

1.3　结　　构

现代数学已经发展到这样一种程度, 它不可避免地分化为许多分支, 以致于数学家都必须专业化. 特别是在大数学家庞加莱 (H. Poincaré)与希尔伯特去世后, 已经没数学家再能掌握全部的数学了. 在这种情况下, 如何梳理现代数学呢?

顺便提一下, 庞加莱有“最后一位通才”的美誉, 而希尔伯特却无此名号, 这多半是由于贝尔 (E. T. Bell)的《数学精英》(*Men of Mathematics*) 只写到了 19 世纪末的缘故. 这部名头甚响的著作如能写到 20 世纪, 这份荣誉必将会由希尔伯特与庞加莱共享.

既然单个数学家已经无法理解全部的数学, 那么只能求助于数学家集体了. 法国数学家“尼古拉 · 布尔巴基”(Nicolar Bourbaki)就是这样的一个集体, 他们提出了“数学结构”的概念, 采用公理化的方法, 通过各种结构的相似与差异, 来统一数学的各个领域.

结构的观念在科学技术乃至社会科学中几乎无处不在, 如化学中的同分异构现象, 人文学中的结构序列等. 结构反映了事物配件之间的关系, 数学结构无非是对这种朴素概念的抽象. 所谓数学结构, 就是在集合上定义了某种关系, 使得集合的元素不再平等.

定义 1.3.1　对于任意集合 A, 集合 $A\times A$ 的子集 R 就是集合 A 上的一个**关系**(relation).

这种形式化的定义虽然准确, 却常使人摸不着头脑, 往往需要琢磨半天. 实际上, 初学者尽可不必在此费功夫, 只需找几个例子就可以理解了. 比如人类很早知道数量的多少了. 对于任意两个自然数 m 与 n, 必有 m 大于 (小于)n 成立, 因此大于 (小于) 关系可能是最早的数学关系.

接着, 人类发现了一只羊与一条狗、一对鸡与两只兔子的共通之处, 等于关系也被发现了. 同理, 大于等于、小于等于都是整数集合 $\mathbb{Z}$ 上的关系. 值得注意的是,表示这些关系的符号 $>, <, =, \geqslant, \leqslant$ 则出现得很晚, 基本上是 16 世纪以后的事情了.

由于上述关系在生产生活中自然遇到, 所以显得极其自然. 但是, 当数论爱好者与数论学家注意到: 除以同一个整数所得余数相同的整数具有某些相同的性质时, 关系的概念才开始变得不太初等.

定义 1.3.2 给定一个整数 m, 如果用 m 去除任意两个整数 a 与 b, 如果所得的余数相同, 那么 a 与 b 对模 m **同余**(congruence). 否则, 就说 a 与 b 对模 m 不同余.

1801 年, 年轻的德国青年高斯 (C. F. Gauss)在他的第一部著作《算术研究》(*Disquisitiones Arithmeticae*) 中引入同余符号"$\equiv$", 将同余关系记为 $a \equiv b \pmod m$. 随即, 他系统总结了同余的性质, 这些性质自费马 (P. de Fermat)以来就为人所知. 其中有三条性质如下:

(1) $a \equiv a \pmod m$;

(2) 若 $a \equiv b \pmod m$, 则 $b \equiv a \pmod m$;

(3) 若 $a \equiv b \pmod m$, $b \equiv c \pmod m$, 则 $a \equiv c \pmod m$.

这三条性质分别称为反身性、对称性与传递性. 对于任意的集合, 满足这三个条件的关系就被称为**等价关系**(equivalence relation), 这种关系常被记为 $\sim$. 显然, 等于与同余关系是整数集合 $\mathbb{Z}$ 上的等价关系. 如果说这些等价关系仍显得初等, 那么高斯关于型的等价关系的讨论则就一点也不初等了.

公正地说, 法国数学家拉格朗日 (J. Lagrange)也给出了型的等价关系, 只不过高斯的论述更为系统. 在《算术研究》第五章第 45 节中, 高斯讨论了二次型的包含问题.

例 1.3.3 二元二次型 $F = ax^2 + 2bxy + cy^2$, 在变换 $x = \alpha x' + \beta y', y = \gamma x' + \delta y'$ $(\alpha, \beta, \gamma, \delta \in \mathbb{Z})$ 的作用下变为另一个二元二次型 $F' = a'x'^2 + 2b'x'y' + c'y'^2$, 那么就说二元二次型 F 包含 F'. 反过来, 如果二元二次型 F' 也包含 F, 则这两个二元二次型等价.

有了等价关系后, 就可以定义等价类. 所谓**等价类**(equivalence classes), 是指彼此等价的元素组成的集合. 等价类可选取其中任何一个元素 a 作代表, 记为 $[a]$. 由于不同的等价类之间没有交集, 因此集合 A 可分成一些等价类 $[a]$ 的并集

$$A = \bigcup [a].$$

将集合分为两两不相交子集的并称为集合的一个**分拆**(partition). 显然, 等价关系可以确定一个分拆. 反过来, 分拆也可以定义确定一个等价关系. 我们只需定义关系

$$a \sim b \Leftrightarrow a \text{ 与 } b \text{ 属于同一个分拆},$$

不难验证这是一个等价关系. 从等价关系确定的每个等价类中取一个代表出来, 这些代表组成的集合叫作完全代表系.

由于整数集合 $\mathbb{Z}$ 上的小于等于关系 ($\leqslant$) 不满足对称性, 因此不是等价关系. 但 $\leqslant$ 关系具有如下性质:

(4) 若 $a \leqslant b, b \leqslant a$, 则 $a = b$.

这条性质称为反对称性. 满足反身性、反对称性与传递性的关系被称为**偏序关系**(partial order relation). 具有这种关系的集合就被称为**偏序结构**(partial structure). 可见, 偏序结构完全是从 $\leqslant$ 这样的初等关系抽象而来的. 如果偏序集合的任意两个元素 a, b 还满足

(5) $a \leqslant b$ 或 $b \leqslant a$, 则称为**全序关系**(total order relation).

有了偏序关系与全序关系后, 就可以仿照实数集合那样定义上界、下界、极大元与极小元等概念. 设集合 S 是偏序集合, A 为其子集, 对于任意属于集合 A 的元素 a, 集合 S 中满足 $a \leqslant x$ 的元素 x 称为 A 的**上界**(upper bound). 如果对于 A 的每一个上界 x 有上界 $u \leqslant x$, 则上界 u 称为集合 A 的最小上界. 没有上界的元素称为集合 S 的**极大元**(maximal element).

关于偏序集, 有如下的公理.

引理 1.3.4 (佐恩引理) *如果半序集 A 的每个全序子集都有上界, 则半序集 A 必有极大元.*

这条公理首先是由波兰数学家库拉托夫斯基 (K. Kuratowski)给出, 其后德国数学家佐恩 (M. Zorn)独立地提出的. 该公理是“无限过程”推导的一个重要的工具, 因此被称为库拉托夫斯基–佐恩引理, 或简称为佐恩引理 (Zorn lemma).

佐恩引理在直观上并不明显, 但却经常用到. 因此, 许多数学家试图证明这条公理. 这种想法并不新奇, 数学家们也曾一度想证明欧几里得《几何原本》(*Elements of Geometry*) 中的第五公设, 这条公设同样不直观.

公设 1.3.5(第五公设)　平面上两直线被一直线所截, 如果截线一侧的两内角之和小于两直角, 则此二直线必相交于截线的这一侧.

证明第五公设的尝试虽未成功, 却大大简化了这条公理, 得到了很多直观上明显的等价公理, 如众所周知的"过直线外一点, 有且只有一条直线与该直线平行". 在佐恩引理的证明中, 一般会用到策梅洛的选择公理. 实质上, 这两个公理是等价的.

公理 1.3.6 (选择公理)　设 $S=\{M\}$ 是一族两两不相交的非空的集族, 则存在集族 T 满足如下条件:

(1) $T\subset \bigcup\limits_{M\in S} M$;

(2) 集族 T 与 S 中的每一个集合 M 有一个而且只有一个公共元素.

选择公理虽然较佐恩引理直观, 但却难以直接应用. 因此, 在具体定理的证明中还是用佐恩引理.

选择公理有很多等价命题, 但有关它们的争议也一直不断. 如果去掉选择公理, 就会损失很多数学内容, 如向量空间基定理、自由群子群定理、哈恩 (H. Hahn)-巴拿赫 (S. Banach)定理等. 如果保留选择公理, 又会推出悖论. 因此, 在证明具体的定理时, 一定要明确说明是否用到选择公理.

序结构中最重要的是格. 对于偏序集合 L 中的任意两个元素 x 与 y, 如果它们有最小上界 (记为 $\wedge$) 与最大下界 ($\vee$), 则集合 L 为**格**(lattice). 布尔代数就是一种特殊的格, 它能很好地反映物理学中的电路开关. 正如布尔巴基所提到的那样:

> "从公理的观点来看, 数学表现为抽象形式 —— 数学结构的仓库, 而且也出现这样的情况 —— 我们不知道为什么经验的现实本身适合这些形式就好像预先订做的一样."

【布尔巴基与数学结构】

布尔巴基是一群法国数学家组成的秘密社团. 在 20 世纪数学的发展过程中,

他们起着承前启后的作用. 布尔巴基把长期以来积累的数学知识按照数学结构整理成为一个井井有条、博大精深的体系. 他们提出的"数学的统一性""数学的结构与分类""数学的历史分析"等思想, 对当代数学产生了决定性的影响.

因证明指标定理而获得菲尔兹奖的阿提亚 (M. F. Atiyah) 曾动情地说道:

> "我这一代甚至随后几十年的数学家, 没有不知道尼古拉 · 布尔巴基的. 我们中很多人曾是布尔巴基的热情追随者, 相信他振兴了 20 世纪数学, 并指出其发展方向."

布尔巴基所构建的体系连同他们对数学的贡献, 系统总结在他们的巨著《数学原理》(*Élements de Mathématique*) 中. 《数学原理》的论述严格而又精确, 其行文风格也逐渐成为现代数学文献的典范. 这种写法尽管定义严谨, 读起来却不轻松愉快, 不是很能激发人们的兴趣. 著者虽然极其推崇布尔巴基的观点, 但却不打算像《数学原理》那么做.

有关布尔巴基的详细介绍, 有兴趣的读者可阅读胡作玄先生编著的《布尔巴基学派的兴衰 —— 现代数学发展的一条主线》(知识出版社, 1984)、《布尔巴基: 数学家的秘密社团》(湖南科学技术出版社, 2012) 与《数学的建筑》(大连理工大学出版社, 2014).

第2章 群 论 I

2.1 群 定 义

从逻辑的角度来看, 只有在引入集合、映射与结构概念的基础上, 才可以定义群. 但是从历史的角度来看, 群的出现甚至早于集合. 这种现象并不奇怪, 微积分也是在用了很久之后, 才开始有数学家讨论实数完备性的.

定义 2.1.1 (群) 非空集合 G 与其上的二元运算 $\cdot$ 满足如下 4 个条件, 则被称为一个**群**(group), 记作 $(G,\cdot)$, 或在不引起误解的情况下, 记为 G.

(1) (封闭律)G 中任意两个元素 a 与 b 的运算 $a\cdot b$ 仍属于 G.

(2) (结合律) 运算满足结合律, 即 $(a\cdot b)\cdot c=a\cdot(b\cdot c)$.

(3) (幺元律)G 中存在幺元e, 对于 G 中任意元素 a 满足 $e\cdot a=a\cdot e=a$.

(4) (逆元律) 对于 G 中任意元 a, 存在元素 a^{-1} 使得 $a^{-1}\cdot a=a\cdot a^{-1}=e$.

群 G 中元素个数称为群 G 的阶, 记为 $|G|$. 如果 $|G|$ 为有限数, 则称 G 为有限群(finite group), 否则称为**无限群**(infinite group). 定义群的核心是存在幺元与**逆元**(inverse element), 其幺元又称**单位元**, 可以证明群中的单位元与可逆元是唯一的. 群的等价定义多达几十种, 比如可以将上面定义中的幺元律与逆元律换成左右商律.

(5) (左右商律) 对于 G 中任意两个元 a 与 b 来说, 存在 G 中元素 x 与 y 满足

$$ax=b \text{ 与 } ya=b.$$

群中的运算一般被称为乘法, 所以很容易与数系的乘法混淆. 二者的最大区别在于, 对于群中的元素 a 与 b 有

$$a\cdot b\neq b\cdot a.$$

也就是说, 群中的乘法一般不满足交换律. 但如果群中的乘法满足交换律, 则群被称为**交换群**(commutative group).

从公理化的角度来看, 群还可以衍生出其他结构, 最常见的就是半群. 所谓半群 (semigroup), 就是只满足封闭律与结合律的集合, 它的研究约比群的出现晚了一个世纪. 此外, 通过泛代数与范畴理论还可以定义广群与伪群. 这些结构完全是人为地推广而得到的.

群的定义虽然看起来抽象, 但是从结构的观点来看, 我们已经接触过了! 不妨回忆一下向量空间的概念, 这是大家非常熟悉的. 据著者多年来的开课经验, 学生对向量空间的定义记得非常准确, 理解上也不存在偏差.

定义 2.1.2 (向量空间)　设 V 是一个非空集合, F 为一个数域. 所谓**数域** (number field), 就是一些包括 0 与 1 在内的复数的集合, 对加减乘除运算封闭. 定义 V 上的二元运算加法: $V \times V \to V$ 与数乘法: $F \times V \to V$, 如果运算满足如下条件, 则称集合 V 为一个向量空间.

(1) (封闭律) 集合 V 中的任意两个元素 u 和 v 的加法 $u+v$ 与数域 F 中的数 a 与集合中的元素 u 的数乘 $a \cdot u$ 仍属于集合 V.

(2) (结合律) 加法满足结合律, 即 $u+(v+w)=(u+v)+w$.

(3) (零元律) 集合 V 中存在零元 0, 对集合 V 中任意元素 u 满足 $u+0=0+u=u$.

(4) (逆元律) 对集合 V 中任意元素 u, 存在元素 v, 使得 $u+v=0$.

(5) (交换律) 加法满足交换律, 即 $u+v=v+u$.

(6) (幺元律) 数域中存在 1 满足 $1 \cdot u = u$.

(7) (结合律) 数乘满足结合律, 即 $a \cdot (b \cdot u) = (a \cdot b) \cdot u$.

(8) (分配律) 数乘对加法满足分配律, 即 $a \cdot (v+w) = a \cdot v + a \cdot w$ 与 $(a+b) \cdot v = a \cdot v + b \cdot v$.

我们仔细观察向量空间的定义, 发现其中前四条恰好符合群的定义, 因此向量空间首先是一个群! 而且从第 5 条还可以得知, 向量空间还是一个交换群. 与向量空间相同的是, 交换群中的运算也常被称为加法. 因此, 我们得到了一大批群的例子: $\mathbb{R}^n$ 与 $\mathbb{C}^n$, 它们关于加法构成一个群, 而且是无限群.

无限群的例子很多, 比如整数集合 $\mathbb{Z}$ 关于普通加法就构成一个无限群, 被称为整数加群, 类似地还有有理数加群 $\mathbb{Q}$. 这些例子可能是最简单的群的例子, 但却不是最早出现的. 相较于有限群 (19 世纪初), 无限群出现得较晚 (19 世纪后半叶), 以致无限群的系统研究, 是 20 世纪以后的事情了.

向量空间有子空间, 同样群也有子群. 顾名思义, 所谓群 G 的**子群**(subgroup), 就是其子集合 H 关于群 G 的运算仍构成群, 记为 $H < G$. 显然, 单位元群 $\{e\}$ 是任意群 G 的子群, 这样的子群称为**平凡子群**(trival group). 对于任意一个群 G, 单位元群 $\{e\}$ 与群 G 本身是 G 的唯二平凡子群.

证明子群并不需要逐条验证群定义中的条件, 一般只需验证 $ab \in H$ 与 $a^{-1} \in H$ 或 $ab^{-1} \in H$ $(a, b \in H)$ 就可以了. 根据此判定条件可知, 群 G 的任意 (有限或无限) 多个子群的交仍是 G 的子群. 但是, 子群的并集不一定再是子群 (请读者举一个例子).

以上只是从理论上给出了证明子群的方法, 但在实际计算与证明中, 判定子群并不容易. 这就好比算术基本定理, 虽然确保了每一个正整数可分解成素数的乘积, 但具体的表示却是非常困难的. 子结构的研究是群论的一项重要课题, 这类问题主要是如何判定子群? 有多少子群? 如何刻画它们?

从结构的程度来看, 群是一个单纯的代数结构, 而向量空间则是一个复合结构, 它是数域与交换群复合的结果. 向量空间之所以好理解, 是因为其是三维欧氏空间的直接推广. 而且从同构的角度来看, 维数是有限维向量空间的唯一本质特征. 因此, 完全可以仿照向量空间来定义群的同构.

定义 2.1.3(同构) $(G, \cdot)$ 和 $(G', \circ)$ 是两个群, 如果存在一一映射 $f: G \to G'$, 使得对于任意的 $a, b \in G$ 满足 $f(a \cdot b) = f(a) \circ f(b)$, 则称映射 f 是一个群 G 到群 G' 的**同构**(isomorphism).

同向量空间一样, 同构的群也被认为是一样的. 在研究比较陌生的群结构时, 经常要构造映射, 但同构映射这个条件太强, 我们一般首先构造出一个满足保运算的映射, 此时这个映射被称为同态映射. 如果还能证明是一一映射, 则此映射为同构映射.

定义 2.1.4(同态) $(G, \cdot)$ 和 $(G', \circ)$ 是两个群, 如果存在映射 $f: G \to G'$, 使得对于任意的 $a, b \in G$ 满足 $f(a \cdot b) = f(a) \circ f(b)$, 则映射 f 是一个群 G 到群 G' 的**同态**(homomorphism).

同态和同构是我们在研究群结构时经常采用的方法. 如果同态映射是单映

射, 则称为**单同态**(monomorphism); 如果同态映射是满映射, 则称为**满同态**(epimorphism). 较早在群论中使用同态与同构的是法国数学家若尔当 (C. Jordan), 这位法国数学家不仅在代数上青史留名, 在分析与拓扑上的贡献同样巨大.

向量空间的结构较为简单, 群就有点复杂了, 它比向量空间可研究的问题要多. 除了研究子群, 还需要计算自同构群. 群 G 到自身的同构叫作群的**自同构**(automorphism), 我们以 $\mathrm{Aut}(G)$ 表示 G 的全体自同构组成的集合. 可以证明, $\mathrm{Aut}(G)$ 关于映射的合成运算构成一个群 (请读者自己证明), 称为 G 的**自同构群**(group of automorphisms). 决定一个群的自同构群是研究其结构的一个重要组成部分.

对于一般的群, 决定它的子群与自同构群是一个非常困难的问题. 但是对于一些特殊的交换群, 它们有非常好的结构. 初等数论研究给我们提供了这样的群的第一批例子, 这些例子并非偶然出现, 而是在解决具体的问题中自然出现的. 下一节我们就从历史上的例子出发, 体验一把当数学家的感觉.

【群的来历】

在给出群定义之后, 常举的例子是整数加群 $\mathbb{Z}$、有理数加群 $\mathbb{Q}$ 以及非零有理数乘群 $\mathbb{Q}^*$. 这些例子确实是最简单的群, 但群的概念并不是从这些例子演化而来的. 事实上, 整个 19 世纪几乎没有数学家谈论这些群. 从某种意义上来说, 交换群不过是数论和代数的某些推广, 它们完全可在数论的背景下讨论.

著者认为, 群概念的本质在于其运算的非交换性. 因此, 群论的一大进步是非交换群概念的得到. 置换与矩阵的出现使得非交换运算有了具体的表示, 如

$$\begin{bmatrix}1&2\\3&4\end{bmatrix}\begin{bmatrix}5&6\\7&8\end{bmatrix}\neq\begin{bmatrix}5&6\\7&8\end{bmatrix}\begin{bmatrix}1&2\\3&4\end{bmatrix},$$

这样置换群与矩阵群成为 19 世纪讨论最多的群. 数学家们逐渐认识到元素并非最重要的, 重要的是运算, 它们只满足结合律而不满足交换律.

到了 20 世纪, 群的定义被建立在集合论的基础上. 在一系列公理化的过程中, 群的定义被完全抽象化了. 不必管具体的元素与运算是什么, 它们只不过是一堆符号. 只要这些符号满足四条公理, 它们就构成一个群. 可以说, 形式化的定义完全是马后炮.

2.2 群 例 子

虽然古代中国的数学著作中不乏数论问题, 然而近代数论研究却是从法国律师费马开始的. 尽管那时已有不少数学家, 但他们的职业却是五花八门, 有教授、教师、律师甚至神父. 以费马的职业来看, 他确实是“业余数学家”; 但要从数学成就来看, 费马足可比肩后世的职业数学家.

经过费马、欧拉 (L. Euler)、拉格朗日、勒让德 (A. Legendre)与高斯的开拓、研究与总结, 初等数论在 19 世纪成为一门系统的理论, 它的很多内容本质上就是对循环群的讨论. 我们已经知道同余是一个等价关系, $a \sim b \Leftrightarrow a \equiv b \pmod n$ 将整数集合 $\mathbb{Z}$ 分拆为 n 个等价类: $[0], [1], \cdots, [n-1]$, 其中 $[i] = \{j \in \mathbb{Z} | \ j \equiv i \pmod n\}$①.

例 2.2.1 (模 n 剩余类加群) 设 $\mathbb{Z}_n$ 为 $\mathbb{Z}$ 的模 n 剩余类集合, 在其上定义加法运算 $[a]+[b]=[a+b]$, 则集合 $\mathbb{Z}_n$ 关于此运算构成一个群, 称为**模 n 剩余类加群**(group of residue classes mod n).

首先, 剩余类集合 $\mathbb{Z}_n$ 上的加法定义是合理的, 可以证明此运算与代表元的选取无关. 高斯在《算术研究》第一章第 3 节中给出了很清晰的结果: 若 $a \equiv b \pmod n$, $c \equiv d \pmod n$, 则 $a+c \equiv b+d \pmod n$. 翻译成剩余类的情形就是如果 $[a]=[b]$, $[c]=[d]$, 则 $[a+c]=[b+d]$.

其次, 容易证明剩余类关于加法满足结合律 $([a]+[b])+[c]=[a]+([b]+[c])$, 因为显然 $(a+b)+c \equiv a+(b+c) \pmod n$ 成立. 再次, 可证明剩余类集合中存在单位元 $[0]$ 与逆元 $[-a]$, 这些证明均只需用同余的基本性质即可. 可见模 n 剩余类加群完全是从数论中而来的.

在《算术研究》出版 52 年后, 英国数学家凯莱 (A. Cayley)给出了一种表示群的方法, 如今被称为**凯莱表**(Cayley table). 凯莱表的左上角为运算符号, 最上侧与最左侧则分列出群中的元. 因此, 凯莱表不仅能表出群中的元素, 还能显示运算与结果. 如果凯莱表是对称的, 则这个群必为交换群.

高斯在《算术研究》第一章第 3 节还给出了同余的另一条性质, 如果 $a \equiv b \pmod n$, $c \equiv d \pmod n$, 则 $ac \equiv bd \pmod n$. 这相当于说明剩余类集合 $\mathbb{Z}_n$

① 也有的记作 $\bar{i}$, 著者为了突出等价类的思想, 将其记作 $[i]$.

上定义乘法 $[a][b]=[ab]$ 是合理的. 但是, 剩余类集合关于乘法却不是一个群. 虽然单位元 [1] 存在, 然而对于任意的剩余类 $[a]$, 它的逆元不一定存在.

表 1 剩余类加群 $\mathbb{Z}_5$ 的凯莱表

+	[0]	[1]	[2]	[3]	[4]
[0]	[0]	[1]	[2]	[3]	[4]
[1]	[1]	[2]	[3]	[4]	[0]
[2]	[2]	[3]	[4]	[0]	[1]
[3]	[3]	[4]	[0]	[1]	[2]
[4]	[4]	[0]	[1]	[2]	[3]

我们不妨来看剩余类集合关于乘法逆元存在的条件. 如果存在剩余类 $[x]$, 使得 $[a][x]=[ax]=[1]$, 则需要解一次同余式 $ax\equiv 1 \pmod n$. 在《算术研究》第二章第 6 节, 高斯给出了如下结果:

$ax\equiv 1 \pmod n$ *有解的充要条件是* $(a,n)=1$.

实际上, 高斯并非最早研究这类方程的人, 他只不过是采用了同余符号而使问题的形式变换了而已.

由同余的定义可知, $ax\equiv 1 \pmod n$ 表示 $n|ax-1$, 也就是说存在整数 y 使得 $ax+ny=1$. 这样, 同余式就变成了不定方程. 不定方程的研究可追溯到古希腊的丢番图 (Diophantus), 以致于西方数学经常将不定方程称为**丢番图方程**(Diophantus equation). 丢番图的主要著作是《算术》(*Arithmetica*), 费马正是通过阅读《算术》的一个校订版才走上数论研究之路的.

需要说明的是, 费马对数论的研究多是以猜想的形式给出的. 他最著名的关于方程 $x^n+y^n=z^n$ $(n>2, n\in\mathbb{N})$ 无整数解的猜想, 其来源正是丢番图的《算术》. 他在那页写的附注:

"我对此命题有一个十分美妙的证明, 但这里的空白太小, 我写不下."

也成了名言. 纽约地铁站甚至出现过这样的涂鸦:

我已经发现了费马猜想的一个美妙的证明, 但时间太紧, 因为我的火车

正在开来.

我们已经证明模 n 剩余类集合关于加法是一个群, 关于乘法不是一个群, 但却是一个半群, 而且是一个有单位元的半群. 《算术研究》中群的例子很多, 比如在第七章第 95 节, 高斯系统讨论了方程 $x^n-1=0$ 的根, 这些根关于复数乘法也构成一个群.

例 2.2.2 (n 次单位根群) *方程* $x^n-1=0$ *的根的集合* $C_n=\{\mathrm{e}^{\frac{2j\pi\mathrm{i}}{n}}\mid 0\leqslant j\leqslant n-1\}$, *在复数乘法* $\mathrm{e}^{\frac{2j\pi\mathrm{i}}{n}}\cdot\mathrm{e}^{\frac{2k\pi\mathrm{i}}{n}}=\mathrm{e}^{\frac{2(j+k)\pi\mathrm{i}}{n}}$ *是一个群, 称为* **n次单位根群**(n-th unit root group).

尽管欧拉、拉格朗日与达朗贝尔 (J. d'Alembert)都使用过复数, 欧拉甚至得到了欧拉公式

$$\mathrm{e}^{\mathrm{i}x}=\cos x+\mathrm{i}\sin x,$$

但他们都没能证明代数基本定理: n 次方程必有 n 个根. 第一个给出证明的仍然是高斯, 他还是最早给出复数几何表示的数学家. 从这个层面我们可以间接看出, 为什么高斯被誉为“数学王子”, 位列史上最伟大的三位数学家之一①.

模 n 剩余类加群与 n 次单位根群的例子都来自于数论, 而且它们还是同构的. 我们可定义映射 $f:\mathbb{Z}_n\to C_n$ 使得 $f([a])=\mathrm{e}^{\frac{2a\pi\mathrm{i}}{n}}$, 显然 f 是一一映射并满足保运算

$$f([a]+[b])=\mathrm{e}^{\frac{2(a+b)\pi\mathrm{i}}{n}}=\mathrm{e}^{\frac{2a\pi\mathrm{i}}{n}}\mathrm{e}^{\frac{2b\pi\mathrm{i}}{n}}=f([a])f([b]),$$

故这两个群同构.

高斯不仅考虑了一次同余方程, 还考虑了幂剩余. 实际上, 这些概念在费马与欧拉的数论结果中已经涉及到了, 比如费马小定理与欧拉定理. 如果说律师出身的费马研究数论只是兴趣使然, 欧拉则不同了, 他是圣彼得堡与柏林科学院里御用的职业数学家.

定理 2.2.3 (费马小定理) *若 p 是素数, 则* $a^p\equiv a\pmod p$.

欧拉位列史上最伟大的六位数学家之一②, 以他命名的公式、变换、方程与定理不下几十个. 很少为人所知的是, 他对数论的研究是由哥德巴赫 (C. Goldbach)激

① 另外两位是阿基米德 (Archimedes)与牛顿 (I. Newton).

② 如果将最伟大的数学家扩充到六位, 则需补充欧拉、庞加莱与希尔伯特的名字.

发的, 后者在中国享有极高的人气. 欧拉有一项数论结果极为重要, 他导出的恒等式

$$\sum_{n=1}^{\infty}\frac{1}{n^s}=\prod_{p}\left[\frac{1}{1-\frac{1}{p^s}}\right]$$

在被推广为复值的情形后, 黎曼 (G. Riemann)做出的零点的猜想成为最伟大的数学猜想之一.

图 4 数学王子 —— 高斯

定理 2.2.4 (欧拉定理) n 是大于 1 的整数且 $(a,n)=1$, 则 $a^{\varphi(n)}\equiv 1 \pmod p$.

欧拉十分青睐费马小定理, 先后给出了三个证明. 在第三个证明中, 欧拉引进了著名的**欧拉 φ 函数**(Euler φ function). 欧拉函数 $\varphi(n)$ 表示小于 n 且与 n 互素的正整数的个数. 显然当 n 为素数 p 时, $\varphi(p)=p-1$. 因此, 欧拉定理是费马小定理的推广.

欧拉定理表明, 有可逆元的模 n 剩余类集合关于乘法可以构成一个群, 我们用 $\mathbb{Z}_n^*=\{[a]\in\mathbb{Z}^n \mid (a,n)=1\}$ 表示, 称为**模 n 单位群**(group of units of mod n). 从数论的角度来看, 这个证明并不难. 因为如果 $(a,n)=1$, $(b,n)=1$, 则 $(ab,n)=1$, $\mathbb{Z}_n^*$ 关于乘法封闭. 结合律与交换律成立很容易验证, 单位元存在为 [1], 最后只需证明

对于任意 $[a] \in \mathbb{Z}_n^*$ 逆元存在即可.

由于 $(a,n)=1$, 则由最大公因数定理可知存在整数 s 与 t 使得

$$as+nt=1,$$

由上式可知 $(s,n)=1$, 故 $s \in \mathbb{Z}_n^*$ 且

$$as-1=nt.$$

故 $as \equiv 1 \pmod{n}$, 也就是 $[a][s]=[s][a]=[as]=[1]$. 所以 $\mathbb{Z}_n^*$ 是一个阶为 $\varphi(n)$ 的交换群. 这个例子可以推广到任意的含有单位元的半群 G.

定理 2.2.5 用 G^* 表示半群 G 的可逆元素的集合, 则 G^* 关于 G 的运算是一个群.

这个定理给我们提供了一大批群的例子. 由线性代数可知, 实数域 $\mathbb{R}$ 上的全体 n 阶矩阵关于矩阵乘法构成一个含有单位元 E_n 的半群, 记为 $M_n(\mathbb{R})$. 那么由定理 2.2.5 可知, 全体 n 阶可逆矩阵关于矩阵乘法构成一个群, 这个群称为 n 阶**一般线性群**(general linear group), 记为 $GL_n(\mathbb{R})$.

【数论与代数】

从历史上看, 数论与代数的关系是十分密切的. 20 世纪之初, 经典数学通常被划分为三大部分: 代数、几何与分析. 这里的代数, 一般而言是包含数论在内的①. 这是因为, 在抽象代数的发展过程中, 数论起到了很大的推动作用. 正所谓: 代数在帮助数论之前, 首先从数论中受益.

一个非常有代表性的例子是费马大定理. 我们知道费马大定理是说当整数 $n \geqslant 3$ 时, $x^n+y^n=z^n$ 没有整数解. 库默尔主要考虑 $n=p$ 的情形, 他将 $x^n+y^n=z^n$ 变形为 $x^p=(z-y)(z-\zeta y)\cdots(z-\zeta^{p-1}y)$, 其中 ζ 是 p 次本原单位根, 这样就涉及代数整数 $a+bi$ 的分解问题. 但是, 对于一般的代数整数, 唯一分解定理并不成立.

为了重建唯一分解定理, 使得普通数论的结果在推广到代数数时仍然成立, 库默尔创造性地引入了理想数, 从而使得代数数可唯一表示为理想数的乘积. 经过戴

① 这种划分学科的方法并不严谨和科学, 比如用分析方法研究的数论 —— 解析数论, 就很难划到代数学名下.

德金等数学家的工作, 理想数最后发展为抽象代数学中的理想理论. 难怪希尔伯特将费马大定理比喻作会下蛋的鸡!

2.3　循　环　群

计算与推理是数学的两个重要部分. 中国古代在算法方面贡献颇多, 以致于数学在中国被长久地称为算学. 在《算术研究》的第三章中, 高斯为了计算同余方程 $x^n \equiv a \pmod n$, 系统引入了指数与原根的概念, 大大降低了计算的难度. 通过给出抽象的概念来代替计算, 是数学步入近现代的一个重要标志.

定义 2.3.1 (指数与原根)　若 $n>1$ 且 $(a,n)=1$, 则使得同余式

$$a^\gamma \equiv 1 \pmod n$$

成立的最小的正整数 γ 叫作 a 对模 n 的**指数**(index modulo n). 若 a 对模 n 的指数为 $\varphi(n)$, 则 a 为模 n 的**一个原根**(primitive root modulo n).

我们举几个例子, 如 2 对模 5 的指数是 4, 对模 7 的指数为 3. 因此, 2 是模 5 的原根, 但却不是模 7 的原根. 关于指数, 高斯得到了一系列的性质, 这些性质读者可自行验证或参考任何一本数论教材, 比如蔡天新《数论: 从同余的观点出发》(高等教育出版社, 2013).

(1) 若 a 对模 n 的指数为 γ, 则 $a, a^1, \cdots, a^\gamma=1$ 对模 n 两两同余.

(2) 若 a 对模 n 的指数为 γ, 则 $a^\delta \equiv a^{\delta'} \pmod n$ 成立的充要条件为 $\delta \equiv \delta' \pmod \gamma$. 特别地, $a^\delta \equiv 1 \pmod n$ 成立的充要条件是 $\gamma|\delta$.

(3) 若 a 对模 n 的指数为 $\gamma\delta$, 则 a^γ 对模 n 的指数为 δ.

(4) 若 a 与 b 对模 n 的指数分别是 γ 和 δ 且 $(\gamma,\delta)=1$, 则 ab 对模 n 的指数为 $\gamma\delta$.

模 n 指数与原根反映到模 n 剩余类加群中就是元素的阶与生成元, 后者的定义与前者极为类似, 它们的性质也完全可以从数论中导出.

定义 2.3.2 (元素的阶)　设 G 为一个群, e 为单位元. 对于任意的 $a\in G$, 如果存在最小的正整数 r 使得 $a^r=e$, 则称 r 为元素 a 的**阶数**(order of element), 记作 $\operatorname{ord} a = r$.

显然, 单位元的阶为 1. 如果元 a 的阶数为 2, 则其逆元为本身. 因为如果 $a^2=e$, 等式两边同时乘以 a^{-1}, 必有 $a=a^{-1}$. 元素的阶具有很多性质, 这些性质几乎完全可以从指数的性质得出.

(1) 群中元 a 与其逆元 a^{-1} 的阶相同.

(2) 群中元 a 的阶为 r, 若存在整数 m 使得 $a^m=e$, 则 $r|m$.

(3) 群中元 a 的阶为 r, m 为整数, 则 a^m 的阶为 $\dfrac{r}{(r,m)}$.

(4) 群中元 a 的阶为 r, 元 b 的阶为 s, 如果 $ab=ba$ 且 $(r,s)=1$, 则 $a\cdot b$ 的阶为 rs.

我们仅以第三条加以证明. 不妨设 a^m 元素的阶为 k, 则 $a^{mk}=e$, 由第二条性质可知 $r|mk$, 分子分母同时除以公因数后不变, 因此 $\dfrac{r}{(r,m)}\bigg|\dfrac{m}{(r,m)}k$. 由于 $\left(\dfrac{r}{(r,m)},\dfrac{m}{(r,m)}\right)=1$, 因此 $\dfrac{r}{(r,m)}|k$. 另外, $(a^m)^{\frac{r}{(r,m)}}=(a^r)^{\frac{m}{(r,m)}}=e$, 同样由第二条性质可知 $k\bigg|\dfrac{r}{(r,m)}$. k 与 $\dfrac{r}{(r,m)}$ 互相整除, 故相等.

我们以模 4 剩余类加群 $\mathbb{Z}_4$ 为例, 其中单位元 [0] 的阶为 1, 元 [1] 的阶为 4, 元 [2] 的为 2, 元 [3] 的阶为 4. 通过观察, 我们发现 $\mathbb{Z}_4$ 的每一个元都可以由 [1] 得出, 其中 $[2]=[1]^2$, $[3]=[1]^3$, $[0]=[1]^4$.

定义 2.3.3 如果群 G 的每一个元都可以通过元 a 得到, 这个群就叫作**循环群**(cyclic group), 记作 $G=\langle a\rangle$.

也就是说, 循环群存在一个阶为 $|G|$ 的元 a, 这个元就是群的**生成元**(generator). 不难验证, 剩余类加群 $\mathbb{Z}_n$ 就是循环群, 其生成元为 [1].

特别地, 高斯在《算术研究》第三章中证明了对于模 p, 原根一定存在. 也就是说存在原根 a, 使得 $a^{\varphi(p)}\equiv 1 \pmod p$, 这说明模 p 单位群 $\mathbb{Z}_p^*$ 存在生成元, 其生成元就是原根 $[a]$. 因此模 p 单位群 $\mathbb{Z}_p^*$ 是一个阶为 $p-1$ 的循环群. 实际上, 这个事实也可以从费马小定理与欧拉定理中窥得端倪, 但不完全 (读者可自己想一想为什么).

但是, 对于任意的模 n, 原根不一定存在. 也就是说, $\mathbb{Z}_n^*$ 不一定都具有循环群的结构. 实际上, 只有模 $n=2,4,p^m,2p^m$ (p 为奇素数) 时原根才存在. 因此, 第一个不是循环群的模 n 单位群是 $\mathbb{Z}_8^*$, 我们不妨列出其元素的阶, 除了单位元, 其他元

素 [3], [5], [7] 的阶都为 2, 故不是循环群.

2.3.1　循环群的结构

从同构的角度看, 阶数固定的有限循环群是唯一的. 因为对于任意的阶为 n 的有限循环群 G, 我们都可构造一个从 $\mathbb{Z}_n$ 到 G 的映射 f, 使得 $f([k]) = a^k$, a 为 G 的生成元. 不难验证这是一个同构映射, 因此在阶数一定的情况下, $\mathbb{Z}_n$ 就是唯一的有限循环群.

一个自然而然的问题是：阶为 n 的有限循环群生成元有多少个？如何刻画它们？不妨设其中的一个生成元为 a, 由于 a^m 的阶为 $\dfrac{n}{(n,m)}$, 若其为生成元, 则必有 $\dfrac{n}{(n,m)} = n$, 故 a^m 为生成元的充要条件是 $(n,m) = 1$. 因此, 我们可知阶为 n 的有限循环群生成元有 $\varphi(n)$ 个.

根据循环群的定义, 可知整数加群 $\mathbb{Z}$ 也是循环群, 但是一个无限循环群. 从生成元出发, 可得无限循环群的形式为

$$G = \{e, a, a^{-1}, a^2, a^{-2}, \cdots\},$$

其中 $e = a^0$. 对于任意的 $m, n \in \mathbb{Z}$, 如果 $m \neq n$, 则必有 $a^m \neq a^n$, 这是无限循环群与有限循环群的一个不同点. 另一点不同的地方在于, 无限循环群只有两个生成元, 分别为 a 与 a^{-1}.

从同构的角度看, 无限循环群也是唯一的. 因为对于任意的无限循环群 G, 我们可构造一个从 $\mathbb{Z}$ 到 G 的映射 f, 使得 $f(k) = a^k$, a 为生成元. 不难验证这是一个同构映射, 因此 $\mathbb{Z}$ 可以说是唯一的无限循环群.

【高斯与《算术研究》】

1801 年, 年仅 24 岁的德国青年高斯出版了《算术研究》, 这是第一部系统总结近代数论的专著, 位列数学史上的七大名著之一. 它的出版使数论作为近代数学的一个重要分支得到确认与发展. 不仅如此, 这部著作还隐含着若干群与环的概念, 为代数学在 19 世纪的发展埋下了伏笔.

《算术研究》共分为七章, 主要由三部分组成：同余理论 (第 1~4 章)、二次型

理论 (第 5~6 章) 与复数理论 (第 7 章). 其中在前四章中, 高斯引入了同余的概念, 讨论了同余、一次同余、幂同余与二次剩余, 并首次证明了二次互反律. 时至今日, 这些内容构成了初等数论的主要内容.

高斯对数论极为看重, 他的名言

“数学是科学的女王; 数论是数学的女王.”

贴切地表达了数论在数学与科学中首要地位的观点, 首开“数学, 为了人类心智的荣耀”之先河.

高斯生前立论极端谨慎, 他的观点是:“宁肯少些, 但要成熟.” 无独有偶, 中国数学家华罗庚也有着类似的名言:“早发表, 晚评价. 努力在我, 评价在人”. 他们还有一个共同点, 就是最一开始都醉心于数论, 并进而扩展到其他领域的.

2.3.2 循环群的子群与自同构群

在得到所有的循环群后, 我们来决定循环群的子群与自同构群. 设循环群为 G, 其生成元为 a, 子群为 H. 如果子群 H 中包含 a^s, 则此元可通过子群 H 中包含的 a 的最低次幂元 a^r 得到, 即 $H=\langle a^r\rangle$. 也就是说

定理 2.3.4 *循环群的子群都是循环群.*

故对于任一子群, 子群必为某个元生成的循环群. 无限循环群的全部子群为

$$\{\langle a^r\rangle|\ r=0,1,2,\cdots\},$$

而阶为 n 的循环群的全部子群为

$$\{\langle a^r\rangle|\ r \text{ 为 } n \text{ 的因子}\}.$$

因此, 根据算术基本定理 $n=p_1^{r_1}p_2^{r_2}\cdots p_s^{r_s}$, n 阶循环群子群的个数为 n 的因子个数为

$$r=(r_1+1)(r_2+1)\cdots(r_s+1).$$

无限循环群的自同构群很好确定. 因无限循环群必同构于 $\mathbb{Z}$, 故只需求 $\mathrm{Aut}(\mathbb{Z})$. 由于其生成元共有两个, 分别为 1 与 -1, 而自同构必将生成元映射到生成元, 故满足条件的自同构只有两个, 分别为恒等映射 I 与 $\sigma(n)=-n$, 其中 $\sigma^2=I$, 不难验证 $\mathrm{Aut}(G)=\{I,\sigma\}\cong\mathbb{Z}_2$.

有限循环群的自同构群也不难确定. 由于有限循环群必同构于 $\mathbb{Z}_n$, 故只需求 $\mathrm{Aut}(\mathbb{Z}_n)$. 由于其生成元共有 $\varphi(n)$ 个, 同构映射必将生成元映到生成元, 故满足条件的自同构共有 $\varphi(n)$ 个, 其形式为 $\sigma([1]) = [a]$, 其中 $(a,n) = 1$. 不难验证 $\mathrm{Aut}(G) = \{\sigma |\ \sigma[1] = a, (a,n) = 1\} \cong \mathbb{Z}_n^*$.

【克莱因四元群】

数学家早期接触到的群几乎都是有限群, 有限群也是研究最早和最成熟的群. 特别是对于有限循环群 $\mathbb{Z}_n$, 其可以由一个生成元 $[a]$ 生成, 记为 $G = \langle [a] \rangle$. 这种表示不仅对表示循环群意义重大, 还给出了定义和表示其他群的新方法.

如果一个群 G 可通过子集 S 以及子集元素的定义关系生成, 则称 G 为**有限生成群**(finitely generated group), 记为 $G = \langle S \rangle$. 生成群可以看作是循环群的推广. 可以证明, 子集生成的子群必为包含这个集合的所有子群的交. 19 世纪 80 年代, 德国数学家克莱因 (F. Klein)和他的学生代克 (W. von Dyck)开始大规模采用这一方法来表示群.

1884 年, 克莱因给出了一个群, 它的定义如下:

$$V = \{a, b \mid a^2 = e, b^2 = e, ab = ba\}.$$

经过验证, 我们发现这个群是一个 4 阶交换群. 除了单位元 e 之外, 其他元的阶都为 2, 因此不同构于 $\mathbb{Z}_4$. 这个群是阶数最少的非循环群, 现在一般被称为克莱因四元群, 常被记为 K_4 或 V. 可以证明, 本节中提到的模 8 单位群 $\mathbb{Z}_8^*$ 同构于 K_4.

2.4　交　换　群

早期的数学杂志很少, 数学家主要靠通信来交流成果. 费马在一系列与梅森 (Mersenne)、帕斯卡 (Pascal) 等人的通信中, 提出了一系列的猜想. 其中的一个断言, 它的现代形式如下.

猜想 2.4.1　*如果* $p, q \equiv 3$ *或* $7 (\mathrm{mod}\ 20)$, *则* $x^2 + 5y^2 = pq$ *有整数解, 但* $x^2 + 5y^2 = p$ *与* $x^2 + 5y^2 = q$ *无整数解.*

我们知道, 欧拉证明了费马的大部分猜想, 然而这个却是一个例外, 但他却提出了另一个猜想.

猜想 2.4.2 设 p 是奇素数, $x^2+5y^2=p$ 有整数解当且仅当 $p\equiv 1$ 或 $9 \pmod{20}$, $x^2+5y^2=2p$ 有整数解当且仅当 $p\equiv 1$ 或 $9 \pmod{20}$.

欧拉在数论领域得到了不少结果, 但他的最大功绩是促进了“数学分析”这一分支的形成. 他在分析方面的著作《无穷分析引论》(*Introductio in Analysis Infinitorum*) 是数学史上的不朽篇章, 与高斯的《算术研究》齐名. 值得一提的是, 欧拉还是有史以来最多产的数学家之一①.

在费马与欧拉之后, 拉格朗日完成了很多研究, 特别是上面的两个猜想. 在数论的发展过程中, 费马 $\longrightarrow$ 欧拉 $\longrightarrow$ 拉格朗日这个主线是一脉相承的. 拉格朗日开始从更一般的问题着手, 考虑二元二次型 $f(x,y)=ax^2+2bxy+cy^2$, 对变量做齐次线性变换

$$\begin{cases} x'=\alpha x+\beta y, \\ y'=\gamma x+\delta y, \end{cases}$$

其中 $\alpha\delta-\beta\gamma=1$, 则 $f(x,y)$ 变为 $g(x',y')=a'x'^2+2b'x'y'+c'y'^2$. 由例 1.3.3 可知 $f(x,y)$ 与 $g(x',y')$ 等价, 经过计算 $b^2-ac=b'^2-a'c'$, 说明其为二次型的一个不变量, 记为 Δ. 并且可以验证对每个整数 n, 方程对 $f(x,y)=n$ 有整数解当且仅当 $g(x',y')=n$ 有整数解.

等价的二次型判别式必相等, 但反之不成立. 如对于 $f(x,y)=x^2+5y^2$, 其判别式 $\Delta=-20$. 但二元二次型 $g(x',y')=2x'^2+2x'y'+3y'^2$ 的判别式也为 -20, 但却不与 $f(x,y)=x^2+5y^2$ 等价, 故仍需确定判别式为 -20 的等价类有多少.

经过深入研究, 拉格朗日发现在二次型等价类中, 必能选取出这样的代表, 其系数满足 $0\leqslant 2b\leqslant a\leqslant c$, 这样我们就可以确定出判别式为 -20 的二次型等价类只有两类, 分别为 $[f(x,y)=x^2+5y^2]$ 与 $[g(x',y')=2x'^2+2x'y'+3y'^2]$. 定义等价类的运算为 $[f(x,y)]\cdot[g(x',y')]=[f(x,y)g(x',y')]$, 则具体的运算结果为

---

① 一般认为在多产性方面欧拉排名第二, 匈牙利数学家爱多特希 (P. Eröds)因与很多人合作而排名第一, 但欧拉多是独作 (20 世纪之前的数学家大抵如此). 实际上, 那个时代能与欧拉合作讨论数学的人屈指可数.

$$\begin{aligned}[f(x,y)]\cdot[f(x',y')] &= [(x^2+5y^2)(x'^2+5y'^2)]\\ &= [(xx'-5yy')^2+5(xy'+x'y)^2]\\ &= [X^2+5Y^2]\\ &= [f(x,y)],\end{aligned}$$

$$\begin{aligned}[f(x,y)]\cdot[g(x',y')] =&[(x^2+5y^2)(2x'^2+2x'y'+3y'^2)]\\ =&[2(xx'+xy'-yx'-3yy')^2\\ &+2(xx'+xy'-yx'-3yy')(xy'+2yx'+yy')\\ &+3(xy'+2yx'+yy')^2]\\ =&[2X^2+2XY+3Y^2]\\ =&[g(x',y')],\end{aligned}$$

$$\begin{aligned}[g(x,y)]\cdot[g(x',y')] =&[(2x^2+2xy+3y^2)(2x'^2+2x'y'+3y'^2)]\\ =&[(2xx'+xy'+yx'-2yy')^2\\ &+5(xy'+yx'+yy')^2]\\ =&[X^2+5Y^2]\\ =&[f(x,y)].\end{aligned}$$

因此, 由群定义可知, 这两个等价类构成一个 2 阶群, 并且运算满足交换律. 由于 2, $20n+3$ 与 $20n+7$ 可由 $[g(x',y')]$ 表示, 则它们的乘积可由 $[g(x,y)]\cdot[g(x',y')]=[f(x,y)]$ 表示, 费马与欧拉猜想得证.

在《算术研究》的第五章与第六章, 高斯证明了给定判别式为 Δ 的二次型等价类, 对于合成运算构成 $h(\Delta)$ 阶交换群. 这是最早的元素非数的交换群, 意义十分巨大. 可见, 数论与二次型理论确实是群的一个来源. 从某种程度上来说, 交换群是“广义数论”的第一步.

由以下定理可以看出, 交换群的例子很多.

定理 2.4.3　*循环群的直积是交换群.*

所谓群 G_1 与群 G_2 的**直积**(direct product), 是指集合 G_1 与 G_2 的笛卡儿积 $G=G_1\times G_2$, 在其上定义运算 $(a_1,a_2)\cdot(b_1,b_2)=(a_1b_1,a_2b_2)$. 可以验证, 群 G 是一

个阶为 $|G_1|\cdot|G_2|$ 的群. 当 G_1 与 G_2 都是循环群时, 群 G 必交换. 这样, 从循环群出发, 我们就可以得出一大批交换群, 比如克莱因四元群实质上就是 $\mathbb{Z}_2\times\mathbb{Z}_2$.

高斯还给出了循环群直积 $G=G_1\times G_2$ 仍为循环群的条件: 如果两个循环群的阶数互素, 则它们的直积为循环群.

定理 2.4.4 如果 $(m,n)=1$, 则 $\mathbb{Z}_{mn}$ 同构于 $\mathbb{Z}_m\times\mathbb{Z}_n$.

通过群的阶也能刻画交换群. 如果群 G 中所有元的阶存在最小公倍数 m, 则称 m 为群 G 的**方次数**(exponent), 记为 $\exp G=m$. 如果 $\exp G$=2, 则对于任意的 $a,b\in G$, $(ab)^2=abab=1=aabb$, 等式两边同时左乘 a^{-1}, 右乘 b^{-1}, 可得 $ab=ba$, 群 G 必交换.

另外, 群的中心也可以刻画交换群. 所谓群 G 的**中心**(center), 是指与群 G 中任一元素可交换的元素集合, 记为

$$C(G)=\{g\in G\mid gx=xg,\forall x\in G\}.$$

可以证明中心 $C(G)$ 是群 G 的一个子群, 它刻画了群的交换程度. 群 G 的中心 $C(G)$ 越大, 群 G 元素间的可换性就越大. 特别地, 如果 $C(G)=G$, 则 G 为交换群.

从群 G 的中心还可以引出中心化子的概念. 对于群 G 的任意子集 M, 群 G 中与 M 中每个元素可交换的元素的全体

$$C_G(M)=\{g\in G\mid gm=mg,\forall m\in M\}$$

叫作 M 的**中心化子**(centerlizer). 显然, 中心 $C(G)$ 则可以理解为 G 的中心化子. 特别地, 当子集 M 的中心化子为 G 时, 则 M 必包含于群 G 的中心.

最后, 我们给出换位子群的概念. 换位子的概念最早是由若尔当引入的, 当时他是对置换群引入的, 这一概念完全可以推广到任意的群.

定义 2.4.5 设 G 为群, $a,b\in G$. 称 $[a,b]=a^{-1}b^{-1}ab$ 为 a,b 的**换位子**(commutator). G 中所有换位子生成一个子群, 叫作 G 的**换位子群**(commutator subgroup)或**导群**(derived subgroup), 记作 G'.

换位子群与群的中心 $C(G)$ 类似, 可以衡量群的交换程度. 如果群 G 交换, 则 $[a,b]=a^{-1}b^{-1}ab=e$, 因此换位子群 $G'=\{e\}$. 可见换位子群 G' 越小, 群 G 的交换程度越高. 历史上, 交换群与方程的可解性密切相关. 由于阿贝尔首先注意到

这种群与方程根式可解性①的联系, 法国数学家若尔当 1872 年将其命名为**阿贝尔群**(Abelian group).

【阿贝尔】

阿贝尔 1802 年出生于挪威的一个小岛, 在动乱的年代自学成才. 读中学时, 阿贝尔的父亲去世, 从此生活异常艰难. 但他没有被困难打倒, 而是继续阅读欧拉、拉格朗日等数学家的著作, 他的座右铭"*向大师学习, 而不是他们的学生们.*"后来被证明是至理名言.

图 5　英年早逝的数学奇才 —— 阿贝尔

早在中学时期, 阿贝尔就开始尝试解决五次方程的求解问题. 到大学后, 经过多次失败, 他意识到五次方程不存在求根公式. 毕业之后, 阿贝尔带着证明到欧洲大陆游学, 但没有得到权威们的认可. 游学期间, 阿贝尔得了肺结核. 归国后他找不到工作, 一度靠做家教维持生活.

即使这样, 阿贝尔仍不放弃研究数学. 他带病工作, 在级数收敛判定、椭圆函数与积分方程领域作出了巨大贡献, 以其名字命名的数学概念、定理不下 20 个. 1829

① 根式可解的精确论述见 2.8 节.

年, 年仅 27 岁的阿贝尔在贫病交加中英年早逝, 他在去世前仍然拼命研究数学是数学中最为凄美的景象之一.

阿贝尔如今被挪威视为民族英雄, 挪威政府设立了百万大奖来纪念阿贝尔, 阿贝尔奖是数学界的最高奖之一. 关于阿贝尔更详细的传记与贡献, 可见附录III.

2.5 预 解 式

阿贝尔的一大功绩是证明了五次方程不存在求根公式, 但低于五次的代数方程求根公式是存在的. 一次方程与二次方程的解法很简单, 它们都有现成的求根公式, 并且在初中就学到了. 值得一提的是, 2000 多年前的美索不达米亚人也会计算二次方程的根.

二次方程 $f(x)=ax^2+bx+c=0\ (a\neq 0)$ 的求根公式为

$$x=\frac{-b\pm\sqrt{b^2-4ac}}{2a},$$

但为什么二次方程会有求根公式? 这个问题却不好回答. 法国数学家拉格朗日对此进行了长时间的思考, 终于在 18 世纪 70 年代取得了突破. 同欧拉一样, 拉格朗日是 18 世纪最伟大的数学家之一.

在数论领域解决了若干欧拉没能解决的数论难题之后, 拉格朗日的研究兴趣逐渐从数论转移到代数. 他用统一的方法讨论二次、三次与四次代数方程, 提出了预解式与置换理论, 并将此与代数方程的代数可解性① 联系起来. 他的主要思路如下: 二次方程的两个根必有如下恒等式成立

$$\begin{cases} x_1=\dfrac{(x_1+x_2)+(x_1-x_2)}{2}, \\ x_2=\dfrac{(x_1+x_2)-(x_1-x_2)}{2}, \end{cases}$$

其中 $x_1+x_2=-\dfrac{b}{a}$, 如果能求出 $t(x_1,x_2)=x_1-x_2$, 则方程的根就求出来了.

通过观察, 可发现 t 满足如下方程

$$f(X)=X-t^2=0,$$

① 代数可解性指方程的根可以通过方程的系数经过加、减、乘、除以及开方等运算得出.

其中 t^2 可由 x_1+x_2 与 x_1x_2 表示出来, 其形式为

$$t^2=(x_1-x_2)^2=(x_1+x_2)^2-4x_1x_2,$$

故可求出方程 $f(x)=0$ 的根.

掌握了二次方程的求根公式后, 进一步学习三、四次的方程的解法似乎是很自然的事情. 然而事实并非如此, 许多大学生也不会求解三、四次方程 (学习过奥数的除外). 这说明求解三、四次方程是有些难度的, 历史也印证了这一点. 一直到 16 世纪文艺复兴, 才有人给出三、四次方程的求根公式.

2.5.1　三次方程

对于一般的三次方程 $f(x)=ax^3+bx^2+cx+d=0\ (a\neq 0)$, 令

$$y=x+\frac{b}{3a},$$

则 $f(x)=0$ 化为

$$g(y)=y^3+py+q=0,$$

其中 $p=\dfrac{3ac-b^2}{3a^2}, q=\dfrac{2b^3-9abc+27a^2d}{27a^3}$. 故只需对形如

$$f(x)=x^3+px+q=0 \tag{2.5.1}$$

的三次方程求解即可.

设 $x=u-v$ 为方程 (2.5.1) 的根, 则

$$(u-v)^3+p(u-v)+q=(u^3-v^3)-3uv(u-v)+p(u-v)+q=0.$$

如果 u,v 满足如下关系

$$\begin{cases} u^3-v^3=-q, \\ 3uv=p, \end{cases} \tag{2.5.2}$$

则 $x=u-v$ 为三次方程 $f(x)=0$ 的解. 对方程组 (2.5.2) 变形得到如下形式

$$\begin{cases} u^3+(-v^3)=-q, \\ u^3(-v^3)=-\left(\dfrac{p}{3}\right)^3, \end{cases}$$

故 $u^3,-v^3$ 一定为方程

$$f(X)=X^2+qX-\left(\frac{p}{3}\right)^3=0 \tag{2.5.3}$$

的根. 由于二次方程的求根公式是已知的, 故

$$\begin{cases} u^3 = \dfrac{-q+\sqrt{q^2-\dfrac{4}{27}p^3}}{2}, \\ -v^3 = \dfrac{-q-\sqrt{q^2-\dfrac{4}{27}p^3}}{2}. \end{cases}$$

令 $\Delta = \frac{1}{2}\sqrt{q^2 - \frac{4}{27}p^3}$, 则

$$u_1 = \sqrt[3]{-\frac{q}{2}+\Delta}, \quad u_2 = \omega\sqrt[3]{-\frac{q}{2}+\Delta}, \quad u_3 = \omega^2\sqrt[3]{-\frac{q}{2}+\Delta},$$

$$v_1 = \sqrt[3]{\frac{q}{2}+\Delta}, \quad v_2 = \omega\sqrt[3]{\frac{q}{2}+\Delta}, \quad v_3 = \omega^2\sqrt[3]{\frac{q}{2}+\Delta},$$

由于 $uv = \frac{p}{3}$, 故 $f(x)$ 的 3 个根为

$$\begin{cases} x_1 = u_1 - v_1 = \sqrt[3]{-\dfrac{q}{2}+\Delta} - \sqrt[3]{\dfrac{q}{2}+\Delta}, \\ x_2 = u_2 - v_3 = \omega\sqrt[3]{-\dfrac{q}{2}+\Delta} - \omega^2\sqrt[3]{\dfrac{q}{2}+\Delta}, \\ x_3 = u_3 - v_2 = \omega^2\sqrt[3]{-\dfrac{q}{2}+\Delta} - \omega\sqrt[3]{\dfrac{q}{2}+\Delta}. \end{cases}$$

这个公式如今被称为**卡尔达诺公式**(Cardano formula). 卡尔达诺 (G. Cardano)是意大利人, 他系统总结了三次方程的解法. 在解方程的过程中, 我们引入了一个二次方程 (2.5.3), 这个方程实际上与后面提到的预解方程 (2.5.4) 的作用是相同的, 那就是"降次以求".

对于三次方程, 拉格朗日也进行了考察. 三次代数方程 $f(x) = 0$ 的 3 个根 x_1, x_2, x_3 必能表示成如下形式:

$$\begin{cases} x_1 = \dfrac{1}{3}\left[(x_1+x_2+x_3) + \left(x_1+\omega x_2+\omega^2 x_3\right) + \left(x_1+\omega^2 x_2+\omega x_3\right)\right], \\ x_2 = \dfrac{1}{3}\left[(x_1+x_2+x_3) + \omega^2\left(x_1+\omega x_2+\omega^2 x_3\right) + \omega\left(x_1+\omega^2 x_2+\omega x_3\right)\right], \\ x_3 = \dfrac{1}{3}\left[(x_1+x_2+x_3) + \omega\left(x_1+\omega x_2+\omega^2 x_3\right) + \omega^2\left(x_1+\omega^2 x_2+\omega x_3\right)\right]. \end{cases}$$

因此只要能求出 $x_1+\omega x_2+\omega^2x_3$ 与 $x_1+\omega^2x_2+\omega x_3$, 则三次方程 $f(x)=0$ 的根就求出来了. 不妨设

$$\begin{aligned}t_1&=x_1+\omega x_2+\omega^2x_3,\\t_2&=x_2+\omega x_1+\omega^2x_3,\end{aligned}$$

这种预先需要解出来的关于原方程 $f(x)=0$ 的根的有理式被称为**预解式**(resolvent).

通过观察, 我们发现通过 $\{x_1,x_2,x_3\}$ 上的可逆变换 $\sigma(x_1,x_2,x_3)=(x_2,x_1,x_3)$, 可将预解式 t_1 变为 t_2. 拉格朗日是第一个考虑这种变换的数学家, 他的法兰西同胞范德蒙德 (A. T. Vandermonde)则于同期独立地引进了置换的概念, 可见法国数学在 18 世纪的强盛.

定义 2.5.1 (置换)　X 是一个含有 n 个元素的有限集合, X 上的一个可逆变换 σ 叫作一个 n 阶**置换**(permutation).

通过考虑 x_1,x_2,x_3 上的所有置换, 我们可得到预解式 t_1 的 6 种形式:

$$\begin{aligned}t_1&=x_1+\omega x_2+\omega^2x_3=t_1,\\t_2&=x_2+\omega x_1+\omega^2x_3=t_2,\\t_3&=x_3+\omega x_2+\omega^2x_1=\omega t_2,\\t_4&=x_1+\omega x_3+\omega^2x_2=\omega^2t_2,\\t_5&=x_2+\omega x_3+\omega^2x_1=\omega^2t_1,\\t_6&=x_3+\omega x_1+\omega^2x_2=\omega t_1.\end{aligned}$$

观察将 t_1 变为 t_3 的置换, 我们可将其记作

$$\sigma=\begin{pmatrix}x_1&x_2&x_3\\x_3&x_2&x_1\end{pmatrix},$$

或者更简单地将其记作

$$\sigma=\begin{pmatrix}1&2&3\\3&2&1\end{pmatrix}.$$

显然, 预解式 t_1 与 t_2 必满足如下方程:

$$\begin{aligned}f(X)=&(X-t_1)(X-t_2)(X-t_3)(X-t_4)(X-t_5)(X-t_6)=0\\=&(X-t_1)(X-\omega t_1)(X-\omega^2t_1)(X-t_2)(X-\omega t_2)(X-\omega^2t_2)\\=&(X^3-t_1^3)(X^3-t_2^3)\\=&X^6-(t_1^3+t_2^3)X+t_1^3t_2^3=0.\end{aligned}$$

由于这个方程是预解式的方程, 因此被称为**预解方程**(resolvent equation), 它是原方程的辅助方程. 我们不妨设 $A = t_1^3 + t_2^3, B = t_1^3 t_2^3$, 则

$$A = (x_1 + \omega x_2 + \omega^2 x_3)^3 + (x_2 + \omega x_1 + \omega^2 x_3)^3,$$

$$B = (x_1 + \omega x_2 + \omega^2 x_3)^3 (x_2 + \omega x_1 + \omega^2 x_3)^3$$

是关于 x_1, x_2, x_3 的对称多项式.

【卡尔达诺与《大术》】

《大术》(*Ars Magna*) 是历史上第一部系统论述三、四次方程代数解法的著作, 它的全名为 *Artis Magnae Sive de Regulis Algebraicis Liber Unus*, 意指代数方程的解法是一项伟大的艺术. 这个诗意的名字不仅使人联想到数学与艺术的关系, 还间接暗示了这部著作的问世背景. 这部著作出版于 1545 年, 正值文艺复兴时期.

图 6 印有卡尔达诺头像的《大术》

《大术》并没有采用数学符号, 而是用文字叙述的方式给出了方程 $x^3 + px +$

$q = 0$ 的解. 专著尽量避免出现负系数, 所以将整系数分别位于等号两侧. 对于 $x^3 + px^2 + q = 0$ 的情形, 专著也给出了约化为 $x^3 + px + q = 0$ 的方法. 专著还初步探索了根与系数的关系, 隐晦地意识到复数的存在.

《大术》的作者卡尔达诺比较公正地评价了诸人的贡献, 他明确说明三次方程的解法是塔塔利亚 (N. Tartaglia)告诉他的, 但却指出费罗 (S. d. Ferro)才是最早给出三次方程求解方法的人, 这使得他陷入与塔塔利亚的争论之中, 他们的争论也成为科学史上最著名的论战之一.

卡尔达诺在数学、医学、物理学、哲学、宗教与音乐方面都作出了重要贡献. 他的名声本来可以像莱布尼茨那样成为百科全书的代名词, 然而他同时又是一名狂热的赌徒与占星家, 这使他饱受争议. 虽然因为赌博与占星, 他成为第一个涉足于研究概率论的人. 为了印证自己关于去世的预测, 他于预测日当天选择了自杀, 这多少有点传说的意味, 但可以肯定的是, 他晚年因为家庭矛盾过得并不如意.

2.5.2 对称多项式

历史上, 对称多项式的来源之一与应用的一个重要方面, 正是代数方程根式求解的研究. 因此可以说, 群的一个来源是对称多项式.

定义 2.5.2 对于任意的 i, j $(1 \leqslant i \leqslant j \leqslant n)$, 如果

$$f(x_1, \cdots, x_i, \cdots, x_j, \cdots, x_n) = f(x_1, \cdots, x_j, \cdots, x_i, \cdots, x_n),$$

则 $f(x_1, x_2, \cdots, x_n)$ 为**对称多项式**(symmetric polynomial).

设 n 次方程为 $f(x) = x^n + a_1 x^{n-1} + \cdots + a_n = 0$, 则由代数基本定理可知, 方程 $f(x) = 0$ 的 n 个根为 $x_1, x_2, \cdots, x_n$, 由根与系数的关系可知

$$\begin{cases} \sigma_1 = x_1 + x_2 + \cdots + x_n = -a_1, \\ \sigma_2 = x_1x_2 + x_2x_3 + \cdots + x_{n-1}x_n = a_2, \\ \qquad\qquad \cdots\cdots \\ \sigma_n = x_1x_2\cdots x_n = (-1)^n a_n. \end{cases}$$

上式中的 $\sigma_1, \sigma_2, \cdots, \sigma_n$ 也是对称多项式, 它们被称为**初等对称多项式**(elementary symmetric polynomial).

法国律师韦达 (F. Vieta)最早注意到了低次方程根与系数的关系, 所以上面的

式子也被称为韦达公式或韦达定理, 他还引入了描述代数方程的符号系统. 牛顿在总结前人工作的基础上, 得到了如下定理.

定理 2.5.3 (对称多项式基本定理) 对于任意一个 n 元对称多项式 $f(x_1,x_2,\cdots,x_n)$, 都有唯一一个 n 元多项式 φ, 使得

$$f(x_1,x_2,\cdots,x_n)=\varphi(\sigma_1,\sigma_2,\cdots,\sigma_n).$$

当时牛顿在剑桥讲授代数, 这个结果就出现在他的讲义之中, 后来该讲义在 1707 年以《普遍算术》(*Arithmetica Universalis*) 出版. 他通过对称多项式基本定理, 得到了现在称为牛顿公式的定理. 令 $s_k=x_1^k+x_2^k+\cdots+x_n^k$ $(k\geqslant 1)$, 它不仅可由初等对称多项式表示, 而且满足如下等式

$$s_k-\sigma_1 s_{k-1}+\sigma_2 s_{k-2}+\cdots+(-1)^{k-1}\sigma_{k-1}s_1+(-1)^k\sigma_k=0.$$

继续讨论三次方程的预解式. 根据对称多项式基本定理, A,B 可由 x_1,x_2,x_3 的初等对称多项式表出, 故由方程 $f(x)=0$ 根与系数的关系可知, $f(X)$ 的系数可由 $f(x)$ 的系数有理表出, 从而可以求出 t_1^3 与 t_2^3. 这样方程 $f(x)=0$ 也就可以解出了.

拉格朗日的思路很明确. 首先将 x_1,x_2,x_3 表示为预解式的有理形式, 其中的某个式子是预解式, 它是预解方程的根. 由于预解方程的次数低于原方程, 系数也可由原方程 $f(x)=0$ 中的系数表出, 故预解式可以求出. 值得注意的是, 预解式的选取不唯一. 我们不妨修订下预解式, 直接将其设为

$$t(x_1,x_2,x_3)=(x_1+\omega x_2+\omega^2 x_3)^3,$$

由于此预解式 t 在根的排列置换作用下只有两个值, 故 t 一定满足一个二次预解方程

$$f(X)=(X-t_1^3)(X-t_2^3). \tag{2.5.4}$$

【代数基本定理】

1799 年, 年轻的高斯在他的博士论文中证明了如下结论.

定理 2.5.4　*每个次数 $\geqslant 1$ 的复系数多项式在复数域中有一根.*

在 19 世纪之前, 代数学基本上就是解方程, 因此该定理被称为代数基本定理. 这个定理的直接推论是: 任何一个非零的一元 n 次复系数方程有 n 个根. 虽然定理保证了方程根的存在, 但却不能保证这些根可表示为根式解, 更不用说有统一的求解公式了.

这个定理最早是由荷兰数学家杰拉德 (A. Girard) 在 1629 年发现的, 笛卡儿与牛顿也反复陈述过此定理, 欧拉与拉格朗日还曾给出过证明, 但证明很不严格. 高斯第一次较为严格地证明了这个定理, 他的数学能力由此可见一斑, 他确实无愧于"数学王子"的称号.

代数基本定理是数学中的第一个存在性定理, 体现了现代数学"存在先于构造"的精神. 高斯非常欣赏这个定理, 他一生中共给出了 4 个证明. 证明方法既有几何的, 也有函数的, 还有积分的方法. 自高斯以来, 代数基本定理已经有了为数众多的证明, 目前比较漂亮的证明是用复变函数或拓扑学的方法.

2.5.3　四次方程

《大术》还给出了四次方程的解法, 这个解法是由卡尔达诺的仆人、学生与助手费拉里 (L. Ferrari)给出的.

对于一般的四次方程 $f(x)=x^4+ax^3+bx^2+cx+d=0(a\neq 0)$, 配方得

$$\left(x^2+\frac{ax}{2}\right)^2=\left(\frac{a^2}{4}-b\right)x^2-cx-d,$$

等式两边加上 $\left(x^2+\dfrac{ax}{2}\right)t+\dfrac{t^2}{4}$ 得

$$\left(x^2+\frac{ax}{2}+\frac{t}{2}\right)^2=\left(\frac{a^2}{4}-b+t\right)x^2+\left(\frac{at}{2}-c\right)x+\left(\frac{t^2}{4}-d\right), \tag{2.5.5}$$

适当选择 t 使得右边为一完全平方公式, 即

$$\left(\frac{at}{2}-c\right)^2-4\left(\frac{a^2}{4}-b+t\right)\left(\frac{t^2}{4}-d\right)=0, \tag{2.5.6}$$

则 (2.5.6) 式是关于 t 的三次方程, 可由卡尔达诺公式得出. 不妨设其中一个根为 t_0, 这样式 (2.5.5) 就变为

$$\left(x^2+\frac{ax}{2}+\frac{t_0}{2}\right)^2=\left(\sqrt{\frac{a^2}{4}-b+t_0}\,x+\sqrt{\frac{t_0^2}{4}-d}\right)^2. \tag{2.5.7}$$

将上式分解, 可得如下两个二次方程

$$\begin{cases} x^2+\left(\dfrac{a}{2}+\sqrt{\dfrac{a^2}{4}-b+t_0}\right)x+\left(\dfrac{t_0}{2}+\sqrt{\dfrac{t_0^2}{4}-d}\right)=0,\\ x^2+\left(\dfrac{a}{2}-\sqrt{\dfrac{a^2}{4}-b+t_0}\right)x+\left(\dfrac{t_0}{2}-\sqrt{\dfrac{t_0^2}{4}-d}\right)=0. \end{cases}$$

解此方程组, 便可得四次方程 $f(x)=0$ 的根.

对于四次方程, 拉格朗日继续沿用自己的思路. 四次方程的 4 个根有如下恒等式成立:

$$\begin{aligned} x_1=&\frac{1}{4}[(x_1+x_2+x_3+x_4)+(x_1-x_2+x_3-x_4)\\ &+(x_1+x_2-x_3-x_4)+(x_1-x_2-x_3+x_4)],\\ x_2=&\frac{1}{4}[(x_1+x_2+x_3+x_4)-(x_1-x_2+x_3-x_4)\\ &+(x_1+x_2-x_3-x_4)-(x_1-x_2-x_3+x_4)],\\ x_3=&\frac{1}{4}[(x_1+x_2+x_3+x_4)+(x_1-x_2+x_3-x_4)\\ &-(x_1+x_2-x_3-x_4)-(x_1-x_2-x_3+x_4)],\\ x_4=&\frac{1}{4}[(x_1+x_2+x_3+x_4)-(x_1-x_2+x_3-x_4)\\ &-(x_1+x_2-x_3-x_4)+(x_1-x_2-x_3+x_4)]. \end{aligned}$$

因此, 可构造预解式

$$t=x_1-x_2+x_3-x_4,$$

它们在根的置换作用下有 6 个值

$$\begin{aligned} t_1&=x_1-x_2+x_3-x_4,\\ t_2&=x_1+x_2-x_3-x_4,\\ t_3&=x_1-x_2-x_3+x_4,\\ t_4&=-x_1+x_2+x_3-x_4=-t_3,\\ t_5&=-x_1-x_2+x_3+x_4=-t_2,\\ t_6&=-x_1+x_2-x_3+x_4=-t_1. \end{aligned} \tag{2.5.8}$$

这 6 个值必满足如下预解方程

$$\begin{aligned}f(X) =&(X-t_1)(X-t_2)\cdots(X-t_6)\\=&(X-t_1)(X+t_1)(X-t_2)(X+t_2)(X-t_3)(X+t_3)\\=&(X^2-t_1^2)(X^2-t_2^2)(X^2-t_3^2)\\=&X^6-(t_1^2+t_2^2+t_3^2)X^4+(t_1^2t_2^2+t_2^2t_3^2+t_1^2t_3^2)X^2-t_1^2t_2^2t_3^2=0.\end{aligned}$$

同样, 我们设

$$A=t_1^2+t_2^2+t_3^2,\quad B=t_1^2t_2^2+t_2^2t_3^2+t_1^2t_3^2,\quad C=t_1^2t_2^2t_3^2,$$

则 A,B,C 是关于 $f(x)$ 的根 x_1,x_2,x_3,x_4 的对称多项式. 根据对称多项式基本定理, A,B,C 可由 x_1,x_2,x_3,x_4 的初等对称多项式表出. 这样由韦达定理可知, 预解方程 $f(X)$ 的系数可由 $f(x)$ 的系数有理表出, 从而可以求出 t_1,t_2,t_3, 方程 $f(x)=0$ 的根就求出来了.

【数域的扩充】

拉格朗日关于二次、三次与四次方程的统一讨论, 其核心的思想除了置换理论之外, 还隐含着数域扩充的想法. 数域是从“数”发展而来的, 单是自然数就有丰富的研究内容 (初等数论). 当数系扩大到有理数、实数以及复数后, 其研究内容就更丰富了, 因为它们都具有了“数域”的结构.

历史上, 从有理数域 $\mathbb{Q}$ 到实数域 $\mathbb{R}$ 是极难理解的, 期间还发生了第一次数学危机. 而从实数域 $\mathbb{R}$ 到复数域 $\mathbb{C}$ 则相对容易理解, 因为复数域 $\mathbb{C}$ 可理解为实数域 $\mathbb{R}$ 上添加一个虚数单位 i, 使得 $\mathbb{C}=\mathbb{R}(\mathrm{i})$. 可以证明, 有理数域 $\mathbb{Q}$ 的任何子集合都不再是数域. 因此添加不在有理数域 $\mathbb{Q}$ 中的元就可以实现数域的扩张, 如 $K=\mathbb{Q}(\sqrt{2})$.

对于代数方程来说, 其系数一般取自有理数域 $\mathbb{Q}$, 但其根一般来说不属于有理数域, 比如方程 $x^2-2=0$ 的根 $\sqrt{2}$ 就不属于 $\mathbb{Q}$. 因此, 只要将方程的根添加到系数域中, 方程就可根式解了. 实际上, 拉格朗日一直在应用 $Q(x_1,\cdots,x_n)=\mathbb{Q}(t)$, 其中 t 为根的预解式.

在拉格朗日的基础上, 阿贝尔进一步明晰了数域的概念. 把数域的性质抽象出来, 就得到了抽象域的概念. 所谓抽象域, 就是对于任意的集合 F, 如果其上存在两种运算, 其中 F 关于第一种运算构成交换群 (加法群); 除去第一种运算中的单位元后, 关于第二种运算构成交换群 (乘法群), 两种运算由分配律联系, 则集合 F 为域.

2.6 置 换 群

拉格朗日将方程的代数可解与根的置换联系起来, 并认为根的置换是解决整个问题的精髓, 这样问题就发生了转变. 在拉格朗日工作的影响下, 意大利数学家鲁菲尼 (P. Ruffini)开始考虑根的有理式在所有置换下取值的个数问题. 法国数学家柯西 (A. L. Cauchy)则开始独立于代数方程, 而直接考虑集合上的置换.

令人吃惊的是, 鲁菲尼还是一名医学教授. 在职业化分工如此细的今天, 这种数学家几乎绝迹. 但历史上这种身份的数学家还是不少的, 比如卡尔达诺以及雅各布 • 伯努利 (Jacob Bernoulli) 与约翰 • 伯努利 (John Bernoulli) 两兄弟就兼具这两种身份.

在鲁菲尼工作的基础上, 法国数学家柯西在置换理论做了大量工作. 他定义了置换的乘积, 置换群正是沿着拉格朗日 → 鲁菲尼 → 柯西的路线发展起来的. 柯西是法国大革命时期成长起来的数学家, 毕业于刚成立不久的巴黎综合理工学院. 他一生著述颇丰, 是仅次于爱多特希与欧拉的数学家.

定义 2.6.1 含有 n 个元素的有限集合 X 上全体可逆变换关于合成运算构成群, 称为 n **次对称群**(symmetric group), 记为 S_n. n 次对称群 S_n 的子群为**置换群**(permutation group).

不难验证 n 次对称群 S_n 的阶数为 $n!$, 这也是为什么高次方程没有根式解的一个重要因素. 因为随着 n 的增大, S_n 的阶数成阶乘扩大, 使得预解式在 S_n 的作用下的值也显著增大, 甚至超过原来方程的次数, 这样就达不到降次以求的目的了.

从某种程度上来说, 置换群是"真正意义"上的群, 因为它非交换. 之前我们举的例子大多来自数论, 都是交换群. 置换群是我们第一次接触到非交换的群, 例如 S_3 中的两个元

$$\begin{pmatrix}1&2&3\\2&1&3\end{pmatrix}\begin{pmatrix}1&2&3\\3&2&1\end{pmatrix}\neq\begin{pmatrix}1&2&3\\3&2&1\end{pmatrix}\begin{pmatrix}1&2&3\\2&1&3\end{pmatrix}.$$

上面置换的表示虽然清楚, 但写成两行未免麻烦. 在所有置换中, 有一种特别的置换称为轮换, 这是柯西为表示置换专门引入的.

定义 2.6.2　设 σ 是一个 n 阶置换, 如果存在 1 到 n 中的 r 个不同的数, 使得

$$\sigma(i_1)=i_2,\sigma(i_2)=i_3,\cdots,\sigma(i_{r-1})=i_r,\sigma(i_r)=i_1,$$

并且保持其余的元素不变, 则称 σ 为一个长度为 r 的**轮换**(cycle), 记为

$$\sigma=(i_1i_2\cdots i_r).$$

不难证明, 每个置换均可表示成一些不相交的轮换的乘积. 如果不计次序, 则这种表示是唯一的. 长度为 2 的轮换称为**对换**(transposition), 由于每个轮换可写成对换的乘积

$$\sigma=(i_1i_2\cdots i_r)=(i_1i_2)(i_1i_3)\cdots(i_1i_r),\tag{2.6.1}$$

因此每个置换均可表示为对换的乘积. 对于任意的 $i,j(i\neq 1,j\neq 1,i\neq j)$ 有如下等式成立

$$(ij)=(1i)(1j)(1i),$$

故 $\{(12),(13),\cdots,(1n)\}$ 是 S_n 的一个生成元系.

置换表示为对换乘积个数的奇偶性是唯一的. 这样, 根据对换的奇偶性, 可将置换分为两类. 表示为奇数个对换乘积的置换称为**奇置换**(odd permutation), 可表成偶数个对换乘积的置换称为**偶置换**(even permutation). 由 (2.6.1) 可知, 奇数长度的轮换为偶置换, 偶数长度的轮换为奇置换.

由奇偶置换的定义可知, 奇置换的乘积为偶置换, 因此不封闭. 偶置换的乘积仍为偶置换, 因此全体 n 阶偶置换构成一个群, 称为 **n 次交错群**(alternating group), 记为 A_n. 显然 A_n 的阶数为 $\dfrac{n!}{2}$, 这是一个极为重要的置换群. 由于任意两个对换之积可用 3-轮换表示, 即

$$(i_1j_1)(i_2j_2)=(i_1i_2j_1)(i_2j_1j_2),\quad(i_1\neq j_1\neq i_2\neq j_2),$$

故全体长度为 3 的轮换是 A_n 的一个生成元系, 这些结果均已为柯西所知.

不仅如此, 柯西还引进了置换的共轭. 如果存在置换 $\delta \in S_n$ 使得 S_n 中的两个置换 σ 与 σ' 满足 $\sigma = \delta^{-1}\sigma'\delta$, 则称 σ 与 σ' 共轭. 这样的定义虽然清楚, 但对我们判定两个置换是否共轭并无实际意义. 这个问题柯西早就想到了, 为此他得到了如下定理.

定理 2.6.3 *n 次对称群 S_n 中两个置换共轭的充要条件是它们具有相同的型.*

这条定理的证明并不难, 读者可自己试证之, 看看与古人比谁聪明. 另一方面, 置换的共轭可以沿两个方向推广, 一是推广为子集的共轭, 二是推广到任意的群 G. 这样我们就会得到很多的共轭定义, 因此必须抽象到最一般的形式. 要是没有抽象, 数学早就被繁重的内容压得不堪了.

定义 2.6.4(共轭) *对于群 G 的任意两个子集 H 与 K, 如果存在元素 $g \in G$ 使得 $H = g^{-1}Kg$, 则称 H 与 K* **共轭**(conjugate).

当 H 与 K 只有一个元素时, 子集共轭的定义就是群 G 中元的共轭. 显然, 与单位元 e 共轭的元 $g^{-1}eg$ 只有单位元本身. 可以证明群 G 中元素的共轭关系是一个等价关系, 因此群 G 被分拆为一些等价类 C_i $(i = 1, 2, \cdots, n)$ 的集合, 这些等价类 C_i 被称为**共轭类**(conjugate class), 其中 n 为群 G 的类数, C_i 元素的个数 $|C_i|$ 叫作 C_i 的长度. 因此

$$|G| = |C_1| + |C_2| + \cdots + |C_n|, \tag{2.6.2}$$

这个方程被称为群 G 的**类方程**(classes equation). 以后我们会注意到, 类方程是群中计数定理屡试不爽的方法之一.

由以下定理可以看出, 置换群的研究对于一般群论研究具有重要意义.

定理 2.6.5(凯莱定理) *任意一个有限群 G 同构于一个置换群.*

这个事实首先是由英国数学家凯莱在 1854 年注意到, 并于 1878 年明确提出的. 对于有限群 G 中的每一个元 g, 做集合 $G = \{g_1, g_2, \cdots, g_n\}$ 上的变换

$$\tau_g : G \to G,$$

使得 $\tau_g(g_i) = gg_i$, 则一共可得 n 个变换 $\tau_{g_1}, \tau_{g_2}, \cdots, \tau_{g_n}$. 不难验证这些变换为可逆

变换, 故为置换. 考虑所有置换的集合

$$R = \{\tau_{g_1}, \tau_{g_2}, \cdots, \tau_{g_n}\},$$

它在变换的合成作用下构成一个置换群. 做映射

$$\varphi : G \to R,$$

可验证 φ 为同构映射, 故 G 同构于 R, R 称为 G 的正则表示 (regular representation). 也就是说任意有限群 G, 都存在置换表示 R. 从这个意义上来说, 置换群就是所有的有限群.

值得一提的是, 凯莱与牛顿同出于剑桥大学三一学院. 牛顿最伟大的贡献当然是微积分的发明, 然而在牛顿去世后, 英伦三岛为了坚持牛顿的体系与符号, 数学开始落后于欧洲大陆. 凯莱将英国的数学重新提升到先进的行列, 他喜欢阅读小说与爬山, 是一位非常和蔼的老师.

把置换群的概念从有限集合推广到任意集合 (主要是无穷集合), 就得到了变换群的概念. 与置换群来源于解方程不同, 变换群来源于几何. 1872 年, 年仅 23 岁的数学博士克莱因在埃尔朗根大学做了一个报告, 提出了变换群的概念, 并用于几何学的分类.

定理 2.6.6　非空集合 X 的全体可逆变换关于变换的合成构成群, 称为集合 X 的**对称群**(symmetry group), 记为 S_X. S_X 的子群称为**变换群**(transformation group).

举个例子来说, 欧几里得群就是欧氏空间的对称群. 我们称欧氏空间 $\mathbb{R}^n$ 到自身的映射为**运动**(motion), 称保持欧氏距离不变的运动为**欧氏运动**(Euclidean motion). 可以验证, 全体欧氏运动在映射的合成作用下构成群, 称为**欧几里得群**(Euclidean group), 记为 $E(n)$.

根据克莱因的《埃尔朗根纲领》, 欧氏几何学就是研究图形在欧氏变换群 $E(n)$ 下保持不变的性质的学问. 对直线 $\mathbb{R}$ 来说, 欧氏运动只有平移. 故欧氏运动群为

$$E(1) = \{f : \mathbb{R} \to \mathbb{R} \mid f(x) = x + b,\ b \text{ 为常数}\},$$

而对于平面来说, 欧氏运动为平移与旋转. 故欧氏运动群为

$$E(2) = \{f : \mathbb{R}^2 \to \mathbb{R}^2 \mid f((x, y)) = (x', y')\}, \tag{2.6.3}$$

其中 x', y' 满足

$$\begin{cases} x' = a_{11}x + a_{12}y + a_{13}, \\ y' = a_{21}x + a_{22}y + a_{23}, \end{cases}$$

$a_{11}, a_{12}, a_{21}, a_{22}$ 满足 $a_{11}a_{22} - a_{12}a_{21} = 1$.

变换群不仅可以用于几何学分类, 更重要的是凯莱定理仍然成立, 其证明没有任何本质上的改变. 也就是说, 变换群就是所有的群.

定理 2.6.7 任意一个群 G 同构于一个变换群.

【埃尔朗根纲领】

几何学是数学的一个重要分支, 有着悠久的历史, 最早可追溯到古希腊时期. 到 19 世纪时, 几何学已经有了数个分支: 欧氏几何、非欧几何、黎曼几何、射影几何等, 并有继续分化的趋势, 阻碍人们对几何学的认识与理解. 系统总结当时几何学的进展, 显得极为迫切与必要.

在这样的背景下, 年轻的德国数学家克莱因于 1872 年提出了一个统一几何学的计划, 计划的核心就是将几何学与变换群联系起来. 由于这个计划是在德国的埃尔朗根被提出的, 加之影响极为深远, 因此获得了"埃尔朗根纲领"(Erlangen Program)的美誉.

图 7 杰出的数学家与组织者 —— 克莱因

"埃尔朗根纲领"的基本观点是：每种几何学都由变换群刻画，几何学所要研究的就是几何图形在变换群下的不变量，而子几何则需要研究原变换群的子群. 因此有多少变换群，就有多少不同的几何. 不仅如此，这些几何间的关系也可以通过变换群得出.

比如我们做变换 $f((x,y)) = (x', y')$，其中

$$\begin{cases} x' = a_{11}x + a_{12}y + a_{13}, \\ y' = a_{21}x + a_{22}y + a_{23}, \end{cases}$$

$a_{11}, a_{12}, a_{21}, a_{22}$ 满足 $a_{11}a_{22} - a_{12}a_{21} \neq 0$. 这些变换构成一个群 —— 仿射变换群，其所刻画的几何称为仿射几何. 由式 (2.6.3) 可知，欧氏变换群是仿射变换群的子群，故在欧氏变换群下保持的几何性质比仿射变换群要多. 可见，欧氏几何只不过是仿射几何的一个特例.

克莱因以变换群为工具，成功地对当时的许多几何学进行了分类. 虽然并非所有的几何学都可以纳入到他的体系中，但群作为统一数学的工具却深入人心，成为当时的一种潮流. 这种潮流对几何学有着重要的影响，对于力学与物理学的发展也有巨大的推动作用.

克莱因后来因为身体原因变成了一名数学组织者，他积极筹建哥廷根的数学系，终于在 19 世纪末将哥廷根大学建设成为世界数学的中心. 关于这一部分内容，读者可阅读《数学文化》杂志的文章"哥廷根数学的人和事"(2013 年第 4 卷第 3 期) 与"克莱因与哥廷根数学的发展"(2015 年第 6 卷第 4 期).

2.7　子群陪集

虽然我们在 2.3 节讨论了循环群的子群，但实际上是在数论的背景下得到，并翻译成群论语言的. 换句话说，那是后见之明. 而历史上，对子群的研究是从置换群开始的. 正是拉格朗日关于代数方程代数可解性的思考，拉开了子群讨论的序幕. 让我们回顾拉格朗日的思路，考虑方程根的预解式

$$t = f(x_1, x_2, \cdots, x_n)$$

在 n 次对称群 S_n 下的取值. n 次对称群 S_n 的阶数为 $n!$，但 t 在 S_n 作用下的值一

般来说小于 $n!$. 这说明部分置换保持 t 不变, 我们就来考虑下这些保持 t 不变的置换集合.

拿三次方程来说, 构造预解式

$$t(x_1, x_2, x_3) = x_1 + \omega x_2 + \omega^2 x_3,$$

则保持 t 不变的置换只有 (1), 显然 $\{(1)\}$ 为 S_3 的子群.

拉格朗日的一个重大发现是以下定理.

定理 2.7.1 保持根的有理函数 t 不变的置换构成 S_n 的一个子群.

这个定理不难证明, 只需形式化地套用子群的判定条件即可. 在理解定理时, 我们可以举例子. 但需要证明时, 则应学会逻辑化地推理, 这也是现代数学必须掌握的一个能力. 设保持 t 不变的置换集合为 H. 首先, 恒等置换 I 必保持 t 不变, 故 $I \in H$. 其次, 如果 P, Q 保持 t 不变, 即 $P(t) = t, Q(t) = t$, 则 $PQ(t) = P(Q(t)) = t$, 故 $PQ \in H$. 最后, 对 $P(t) = t$ 两边同时用 P^{-1} 作用, 则 $P^{-1}(t) = t$, 故 $P^{-1} \in H$.

因此, 通过构造不同的根的有理函数, 我们就能得到对称群的其他子群. 比如我们取三次方程的预解式

$$\begin{aligned} t =& (x_1 + \omega x_2 + \omega^2 x_3)^3 \\ =& x_1^3 + x_2^3 + x_3^3 + 3\omega(x_1^2 x_2 + x_2^2 x_3 + x_3^2 x_1) \\ &+ 3\omega^2(x_1^2 x_3 + x_2^2 x_1 + x_3^2 x_2), \end{aligned}$$

则保持 t 不变的子群为 $A_3 = \{(1), (123), (132)\}$, 这是 S_3 的一个 3 阶子群. 实际上, 拉格朗日不仅给出了子群, 还考虑了子群的陪集.

定义 2.7.2 (陪集) 设 $H \leqslant G$, 则对于任意的 $g \in G$, 形如 gH 的子集称为 H 的**左陪集**(left coset), 形如 Hg 的子集称为 H 的**右陪集**(right coset).

陪集的定义有好几种, 其中有一种定义为对于任意的 $g, h \in G$, 在 G 上定义等价关系: $g \sim h$ 当且仅当 $g^{-1}h \in H (gh^{-1} \in H)$, 等价关系 $\sim$ 决定的等价类就是子集 H 的左 (右) 陪集. 这种定义虽然逻辑上严谨, 但却不好理解. 因此著者采用上面的定义, 这样不仅容易理解, 与历史的发展也相吻合.

拿三次方程来说, 保持预解式

$$t = (x_1 + \omega x_2 + \omega^2 x_3)^3$$

不变的子群为 $H=\{(1),(123),(132)\}$. 子群 H 本身就是一个陪集, 因为

$$H=(1)H=(123)H=(132)H.$$

我们发现只要 $a\in H$, 则 aH 必为 H. 而将 t 变为

$$t_2=(x_1+\omega^2x_2+\omega x_3)^3$$

的置换集合为 $\{(12),(13),(23)\}$. 该集合恰是子群 H 的另一个陪集, 因为

$$\{(12),(13),(23)\}=(12)\{(1),(123),(132)\}.$$

因此这个陪集可记作 $(12)H$. 由于 $(12)H$ 不含单位元, 故不是子群. 实际上, 陪集一般不是子群, 除非陪集是子群 H 本身.

定理 2.7.3 *aH 为子群的充要条件是 $a\in H$.*

这样, 3 次对称群 S_3 就被分成了两个陪集. 观察这两个陪集, 我们发现不同的元素生成的陪集有可能相同. 如

$$(1)H=(123)H=(132)H,\quad (12)H=(13)H=(23)H.$$

通过上面的例子, 我们发现陪集要么完全相同, 要么不相交. 所有的陪集恰构成群 G 的一个分拆, 而分拆必能确定一个等价关系. 这个等价关系就是我们在本节一开始提到的定义陪集的等价关系. 拿左陪集来说, $aH=bH$ 当且仅当 $a^{-1}b\in H$. 对于右陪集, 定理同样成立.

定理 2.7.4 *$Ha=Hb$ 的充要条件是 $ab^{-1}\in H$.*

因此只要 $ab^{-1}\in H$, 它们生成的陪集就相等. 这条定理反过来也成立, 可用于决定共轭类元素的个数. 比如对于任意两个与 a 共轭的元 $g_1^{-1}ag_1$ 与 $g_2^{-1}ag_2$, 如果 $g_1^{-1}ag_1=g_2^{-1}ag_2$, 则两边同时左乘 g_2, 右乘 g_1^{-1}, 可得 $g_2g_1^{-1}a=ag_2g_1^{-1}$, 因此 $g_2g_1^{-1}\in C_G(a)$. 由定理 2.7.4 可知 $C_G(a)g_2=C_G(a)g_1$, 这样与 a 共轭的元素个数就可以归为子群 $C_G(a)$ 的右陪集的个数.

我们再以四次方程来体验一下 S_4 的子群与陪集. 取预解式

$$t=x_1-x_2+x_3-x_4,$$

则保持 t 不变的子群为 $H=\{(1),(13),(24),(13)(24)\}$. 将 t 变为

$$t_3=x_1-x_2-x_3+x_4$$

的置换集合为 $\{(34),(143),(234),(1423)\}$, 正好是 H 的一个陪集 $(34)H$. 预解式 t 决定的陪集可见表 2, 通过观察此表, 我们可以发现诸陪集的元素个数相等. 也就是说对于任意的群 G 与子群 H, 若 $a,b\in G$, 必有 $|aH|=|bH|$.

表 2 预解式 t 决定的子群与陪集

预解式 t 在 S_4 下的取值	陪集
$t_1=x_1-x_2+x_3-x_4$	$H=\{(1),(13),(24),(13)(24)\}$
$t_2=x_1+x_2-x_3-x_4$	$(23)H=\{(23),(123),(243),(1243)\}$
$t_3=x_1-x_2-x_3+x_4$	$(34)H=\{(34),(143),(234),(1423)\}$
$t_4=-x_1+x_2+x_3-x_4$	$(12)H=\{(12),(132),(124),(1324)\}$
$t_5=-x_1-x_2+x_3+x_4$	$(14)H=\{(14),(134),(142),(1342)\}$
$t_6=-x_1+x_2-x_3+x_4$	$(1234)H=\{(1234),(12)(34),(14)(23),(1432)\}$

不仅陪集的元素数目相等, 左右陪集的个数也相等. 对于任意的子群 H, 只需构造一个从左陪集集合到右陪集集合的映射 φ, 使得 $\varphi(aH)=Ha^{-1}$, 可验证映射 φ 为一一映射. 我们把子群 H 在群 G 中左、右陪集的个数称为 H 在 G 中的**指数**(index), 记作 $[G:H]$.

这样, 有限群论中一个非常重要的数量定理或计数定理就被拉格朗日发现了, 这就是著名的**拉格朗日定理**(Lagrange theorem).

定理 2.7.5 (拉格朗日定理) *设 G 是一个有限群, H 为 G 的子群, 则*

$$|G|=|H|[G:H].$$

也就是说, 子群 H 的阶与其在 G 中的指数整除群 G 的阶. 由于群 G 中每个元素 a 均可生成一个循环子群 $\langle a\rangle$, 而群 $\langle a\rangle$ 的阶等于元 a 的阶, 故每个元素的阶也整除群 G 的阶. 如果有限群 G 的阶为 n, 则对于任意的元 $a\in G$, 必有 $a^n=e$.

值得一提的是, 拉格朗日仅对 S_3 与 S_4 得到了上述定理. 对这一定理做出推广与证明的都是法兰西人, 柯西首先将这个定理推广到了 S_n, 若尔当则对任意的有限群证明了这个定理. 实际上, 由凯莱定理可知置换群就是所有的有限群, 故只需证明拉格朗日定理对置换群成立就足够了.

拉格朗日定理在讨论方程可解性的问题中处于非常重要的地位. 由拉格朗日定理可知, 关于方程根的预解式 t 在 S_n 作用下取值的数目, 正是保持 t 不变的子群 H 在 S_n 中的指数, 也就是预解方程的次数. 比如对于三次方程 $f(x)=0$, 如果我们取预解式

$$t=(x_1+\omega x_2+\omega^2 x_3)^3,$$

则保持 t 不变的子群为 $H=\{(1),(123),(132)\}$, 其在 3 次对称群 S_3 中的指数为 2, 故预解方程 $f(X)=0$ 为一个二次方程. 二次预解方程有现成的求根公式, 故三次方程 $f(x)=0$ 有解.

对于四次方程 $f(x)=0$, 取预解式

$$t=(x_1-x_2+x_3-x_4)^2,$$

则保持 t 不变的子群为 $H=\{(1),\ (13),\ (24),\ (13)(24),\ (1234),\ (14)(23),\ (12)(34),\ (1432)\}$, 其在 4 次对称群 S_4 中的指数为 3, 故预解方程为一个三次方程. 三次预解方程的解法也已知, 故四次方程 $f(x)=0$ 代数可解.

拉格朗日注意到对于二、三、四次代数方程 $f(x)=0$, 其辅助方程 $f(X)=0$ 的次数要比原方程要低. 也就是说, 存在预解式 t 使得保持其不变的子群 H 的指数小于方程的次数 n. 因此, 对于五次及五次以上次方程来说, 我们希望构造出这样的预解式 t, 使得保持 t 不变的子群 H 在 S_n 中的指数为 3 或 4, 这样就可以利用三、四次方程的解法来求出原方程.

但对于五次方程, 拉格朗日构造不出满足条件的预解式, 因此他质疑高次方程不可解. 在这个想法的激励下, 意大利数学家鲁菲尼进行了大量的研究. 特别是他证明了不存在 n 元有理函数 t, 使得 t 在 S_5 作用时取值的数目为 3 或 4. 也就是说, S_5 不存在 30 阶与 40 阶子群.

早期数学家对预解式在 S_n 作用下的取值 —— 即保持预解式不变的子群 H 的指数 $[S_n:H]$ 非常感兴趣. 1845 年, 法国数学家柯西明确地证明了以下定理.

定理 2.7.6　如果 $n\geqslant 5$, 则除了 A_n 的指数为 2 外, 任意子群 H 的指数 $[S_n:H]\geqslant n$.

从现代的观点来看, 方程的代数可解性可以归结为对子群及其指数的研究. 从结构上来说, 子群是从子结构的角度研究群. 但是从历史上来说, 子群来源于解方

程与预解式, 拉格朗日定理则是沟通两者的纽带.

不仅如此, 拉格朗日定理的重要性还体现在对群论的刻画上. 设群 G 为素数 p 阶群, 对于任意的非单位元 $g \in G$, 由拉格朗日定理可知, g 的阶整除群 G 的阶 p. 由于 p 为素数, 故 g 的阶必为 p. 群 G 存在 p 阶生成元, 故为循环群. 素数阶群是唯一的, 其必同构于 $\mathbb{Z}_p$.

定理 2.7.7 *素数 p 阶群 G 必为循环群, 其同构于模 p 剩余类加群 $\mathbb{Z}_p$.*

但是对于一般阶数的群, 我们仅能推测子群的阶数. 比如对于 12 阶群, 其子群可能的阶数为 $1, 2, 3, 4, 6, 12$, 至于有没有这些阶数的子群, 还需要进一步验证. 比如对于 4 次交错群 A_4, 就不存在 6 阶子群 (自己证明), 这说明拉格朗日定理的逆定理并不是普遍成立的.

但是对于有限交换群, 拉格朗日定理的逆定理则完全成立.

定理 2.7.8 *G 为有限交换群, 如果正整数 m 整除 $|G|$, 则 G 存在 m 阶子群.*

这条定理陈述起来极其简单, 理解起来也不是很难, 但证明却不易 (留作以后讨论). 数论中这样的例子最多, 最典型的是费马大定理与哥德巴赫猜想. 前者困扰数学家 300 多年, 直到 20 世纪 90 年代才由英国数学家怀尔斯 (A. Wiles)解决. 后者目前仍未解决, 但中国数学家 (陈景润、王元、潘承洞等) 在这个问题上有极大贡献.

此外对于一些特殊情形, 拉格朗日定理的逆定理也是成立的.

定理 2.7.9 *偶数阶群必含有 2 阶子群.*

对于偶数阶群 G, 如果群 G 中元 a 的阶大于 2, 则 a 与其逆元 a^{-1} 一定不相等. 因为如果 $a = a^{-1}$, 则必有 $a^2 = e$, 故阶数大于 2 的元一定是成对出现的. 因此去除唯一的单位元 e 之外, 必存在阶为 2 的元, 且 2 阶元的个数为奇数.

【根式解】

代数方程的可解性研究经拉格朗日、鲁菲尼的开拓后, 由年轻的挪威青年才俊阿贝尔取得了突破, 他弥补了鲁菲尼的缺陷, 首次对方程可解进行了清晰的论述, 指明这种可解是根式可解. 根式可解是一个关于数域的概念, 我们曾在 2.5 节的补充材料中讨论过数域的扩充.

E 与 F 是数域, 若存在 $n \in \mathbb{Z}^+$ 与 $d \in E$ 使得

$$E = F(d), \text{并且} d^n = a \in F,$$

则称数域 E 是 F 的根式扩张. 如果能构造出一个数域根式扩张链

$$F = F_1 \subset F_2 \subset \cdots \subset F_{r+1} = K,$$

使得包含代数方程根 $x_1, x_2, \cdots, x_n$ 在内的最小扩域包含于 K, 则称方程**根式可解**(radical solvable) . 如果方程存在求根公式, 则必根式可解. 有了根式可解的概念后, 阿贝尔得到了如下定理.

定理 2.7.10(阿贝尔-鲁菲尼定理) 当 $n > 4$ 时, n 次一般方程 $f(x) = 0$ 不可根式解.

这个定理如今被称为阿贝尔-鲁菲尼定理, 或简称为阿贝尔定理. 此定理的一个直接推论是 n 次一般方程不存在求根公式, 这样自卡尔达诺以来寻求高次方程求根公式的问题就彻底解决了, 而用清晰的概念来代替繁复的计算开始成为一种潮流.

2.8 正 规 子 群

虽然 n 次一般方程不可根式求解, 但仍有许多特殊类型的 n 次方程可根式求解, 比如分圆方程 $x^p - 1 = 0$, 其中 p 为素数. 分圆方程根式可解的证明首先由高斯在《算术研究》中系统给出, 此前他还发现了用尺规做正 17 边形的方法①, 这个发现使他坚定了以数学为职业的决心.

令人遗憾的是, 阿贝尔定理并没有说明哪些方程根式可解. 阿贝尔去世之后, 这个问题由法国数学家伽罗瓦解决了. 毋宁说他是数学家, 还不如强调他是一个中学生. 论职业, 他确实不是科学院或大学里享有薪水的数学教授; 但论成果的原创性与重要性, 他是当之无愧的大数学家. 以致于他的同胞皮卡 (C. Picard)称伽罗瓦

"在开创与深度方面无人能及."

① 四则运算和二次根式可通过尺规作图给出, 但三次及以上根式不可通过尺规做图给出, 比如正七边形就不能.

相较于阿贝尔对根式可解的清晰论述，伽罗瓦的主要贡献则在于给出了正规子群的概念，并借此给出了方程根式可解的条件. 他是最早使用群 (groupe) 这个术语的数学家.

定理 2.8.1 (伽罗瓦定理) *n 次代数方程 $f(x)=0$ 根式可解当且仅当方程的群 G_f 为可解群.*

显然，伽罗瓦定理包含了阿贝尔定理为推论. 在阿贝尔工作的基础上，伽罗瓦引入了基域的概念. 所谓**基域**(groud field)，就是有理数域 $\mathbb{Q}$ 中添加有限个代数的或超越的无理数后形成的数域. 在此基础上，伽罗瓦将方程的根按照某种顺序排列起来，称为方程的群. 这个群实质上就是方程根的置换群，记为 G_f，也就是我们现在所说的**伽罗瓦群**(Galois group)①.

当添加辅助方程的根到基域时，方程的群 G_f 就变为一个新的群 H, H 是 G_f 的一个子群. 这样 G_f 就有两个分拆 $G=H\cup sH\cup s'H\cup\cdots$ 与 $G=H\cup Ht\cup Ht'\cup\cdots$，这两个分拆并不总是一致. 但当辅助方程的所有根添加到基域后，新的子群 H' 构成的两个分拆却是一致的，正规子群的概念就是这样来的.

定义 2.8.2 (正规子群) *设 H 是群 G 的子群，如果对任意的 $g\in G$ 有 $gH=Hg$，则称 H 为群 G 的一个**正规子群**(normal subgroup)或**不变子群**(invariant subgroup)，记为 $H\lhd G$.*

由正规子群的定义可知，正规子群必为自共轭子群. 这样伽罗瓦引入的正规子群就与柯西引入的共轭子群有了联系. 对于群 G 的任意子群 H，我们称 $N_G(H)=\{g\in G\mid g^{-1}Hg=H\}$ 为 H 的**正规化子**(normalizer)，这个概念最早是由挪威数学家西罗 (P. Sylow) 引入的.

正规化子可以用来刻画正规子群，也就是说 $N_G(H)$ 越大，子群 H 就越接近正规子群. 特别地，H 是 G 的正规子群当且仅当 $N_G(H)=G$. 由正规化子的定义还可以知道，H 是正规化子 $N_G(H)$ 的正规子群.

正规化子还可以用来刻画与子群 H 共轭的子群的个数，若 $g_1^{-1}Hg_1=g_2^{-1}Hg_2$，则两边同时左乘以 g_1，右乘 g_2^{-1}，可得 $(g_2g_1^{-1})^{-1}Hg_2g_1^{-1}=H$. 由正规化子的定义可知，$g_2g_1^{-1}\in N_G(H)$，故与 H 共轭的子群的个数等于 $N_G(H)$ 在 G 中的指数

① 具体方程伽罗瓦群的计算是一件非常困难的事情，有关这方面的内容可参看：章璞. 伽罗瓦理论：天才的激情 [M]. 北京：高等教育出版社，2013.

$[G : N_G(H)]$.

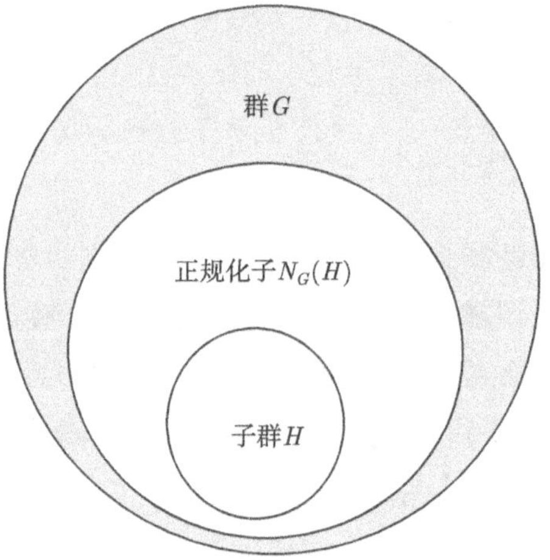

图 8 子群 $H \lhd N_G(H) < G$

由上述结果可知, 当 H 只有 1 个元素 g 时, 与 g 共轭的元素个数为 $[G : N_G(g)]$. 由于 $N_G(g) = \{g' \in G \mid g'^{-1}gg' = g\} = \{g' \in G \mid gg' = g'g\} = C_G(g)$, 故 g 所在的共轭类的长度为 $[G : C_G(g)]$. 特别地, 当 $g \in C(G)$ 时, $[G : C_G(g)] = 1$, 故群 G 的类方程为

$$|G| = |C(G)| + \sum_g [G : C_G(g)],$$

其中 g 取遍非中心的共轭类的代表元.

根据定义, 群 G 的平凡子群 $\{e\}$ 与 $\{G\}$ 显然是正规子群, 这两个正规子群称为 G 的平凡正规子群. 但是对于一般的子群, 其不一定为正规子群. 比如对于 S_3 的子群 $H = \{(1), (12)\}$, 由于 $(13)H \neq H(13)$, 故不是正规子群. 但是, 对于一些特殊类型的群 G, 其子群都是正规子群.

定理 2.8.3 *如果 G 是交换群, 则 G 的一切子群 H 都是正规子群.*

这个定理的证明极为简单, 对于任意的 $g \in G$, $gH = \{gh \mid h \in H\} = \{hg \mid h \in H\} = Hg$. 另外, 群 G 的中心 $C(G)$ 及其子群也一定是 G 的正规子群. 但是, 对于一般的群 G, 仅凭定义来判定正规子群并不具有可操作性. 难能可贵的是, 这个问题伽罗瓦也考虑到了. 他不仅得到了正规子群的概念, 还给出了正规子群的判定定理.

定理 2.8.4 *设 G 是群, H 是群 G 的子群, 如果对于任意的 $g \in G$ 有 $g^{-1}Hg \subset$*

H **成立, 则** H **是** G **的正规子群.**

这条定理对于正规子群的判定尤为方便. 比如对于 n 次交错群 A_n, 由于任意的 n 次置换 σ 与其逆 σ^{-1} 具有相同的奇偶性, 从而必有 $\sigma^{-1}A_n\sigma \subset A_n$, 故 A_n 是 S_n 的正规子群. 至少对于低次交错群 ($n \leqslant 5$), 伽罗瓦已经知道这一事实并加以应用了.

上述判定正规子群的定理还有等价的形式: 对于任意的 $g \in G$ 和 $h \in H$, 如果 $ghg^{-1} \in H$, 则 H 为正规子群. 比如对于换位子群 G', 对于任意的 $g \in G$, $g' \in G'$, $[gg'^{-1}] = g^{-1}g'gg'^{-1} \in G'$, 有 $g^{-1}g'g = [g^{-1}g'] \cdot g' \in G'$, 故换位子群 G' 是 G 的正规子群.

实际上, 设 H 是群 G 的子群, 如果 $[G:H]=2$, 则 H 必为群 G 的正规子群. 因为对于任意的 $g \in G$, gH 要么等于 H, 要么等于 $G-H$, 故必有 $gH = Hg$. 由此推论, 可知子群 $H = \{(1),(12)(34)\}$ 必为克莱因四元群 $K_4 = \{(1),(12)(34),(13)(24),(14)(23)\}$ 的正规子群.

值得一提的是, 群 G 的正规子群 H_1 与 H_2 的交 $H_1 \cap H_2$ 与乘积 H_1H_2 也是 G 的正规子群. 但是, 群 G 正规子群的正规子群却未必再是 G 的正规子群. 例如对于 4 次对称群 S_4 来说, 克莱因四元群 $K_4 = \{(1),(12)(34),(13)(24),(14)(23)\}$ 是 S_4 的正规子群, 但子群 $H = \{(1),(12)(34)\}$ 却不是 S_4 的正规子群.

在所有的群中, 有一类群只有平凡正规子群, 这种群叫作**单群**(simple group). 单群最早也是由伽罗瓦给出的, 他注意到单群没有真正规子群而不能再分拆的事实, 从而以单群为伽罗瓦群的代数方程不可根式解. 伽罗瓦不仅提出了群的术语, 还给出了正规子群与单群的概念, 指明了群论未来的发展方向. 可以说, 伽罗瓦是群论当之无愧的创始人.

我们知道, 素数只有 1 与其本身为因数, 它们是数论中的“原子”. 单群在群论中的地位, 与素数在数论中的地位颇为类似. 因此, 如果能知道所有的有限单群, 将是一件非常有意义的事情. 由拉格朗日定理可知, 素数阶循环群 $\mathbb{Z}_p$ 是单群. 除单位元群 $\{e\}$ 之外, 交换群是单群的充要条件是其为素数阶循环群. 实际上, 这也是所有的交换单群, 其他的单群均为非交换群.

但是, 历史上的第一个单群的例子却不是素数阶循环群, 而是 5 次交错群 A_5.

1832 年, 伽罗瓦首先给出了这个单群, 然而有关它的单性证明直到 1870 年才由法国数学家若尔当给出. 不仅如此, 若尔当还证明了以下定理.

定理 2.8.5 当 $n \geqslant 5$ 时, n 次交错群 A_n 是单群.

这个定理的证明并不是很容易, 若尔当就在此犯了错误. 一般来说, 证明一个群 G 为单群的思路是很清楚的, 那就是设 $\{e\} \neq H \lhd G$, 证明 H 必为 G. 由柯西的工作可知, A_n 可由全体长为 3 的轮换生成, 而且这些 3-轮换彼此共轭. 因此如果能证明 H 包含所有的 3-轮换, 则定理就证明出来了.

我们只给出定理证明的大致思路 (具体细节由读者自己证明). 设 $e \neq \sigma \in H \lhd A_n$, 我们来分析它变动文字的个数. 首先 σ 不可能是对换, 故最少变动的文字个数应该大于等于 3. 我们将 σ 表示为不相交轮换的乘积, 且最长的轮换因子写在左边. 若 σ 变动 3 个文字, 则 σ 的形式必为 $(i_1i_2i_3)$. 若 σ 最少变动 4 个及以上的文字, 则 σ 无论哪种形式均不成立. 我们总可以通过 $\tau \in A_n$ 构造出比 σ 变动文字少的置换.

实际上, 当 $n \geqslant 5$ 时, A_n 不仅是 S_n 的单群, 而且还是 S_n 唯一的非平凡正规子群 (请读者自证). 由于 S_n 的分拆首先到 A_n, 而 A_n 是单群, 故到这里就不能再分拆了. 伽罗瓦对正规子群与单群的准确论述, 使得他在理解代数方程不可根式解方面比鲁菲尼与阿贝尔又近了一步. 而做出这项经天纬地工作的伽罗瓦, 那时只不过是一个 20 周岁左右的"愤青", 在世时甚至连张肖像都没有留下.

【伽罗瓦】

伽罗瓦于 1811 年 10 月 25 日出生于巴黎郊区的一个小镇, 幼时主要受到母亲的启蒙教育, 打下了希腊语与拉丁语的基础. 1823 年, 伽罗瓦进入到路易国王学校, 开始接受正规教育. 在国王学校的第 4 年, 伽罗瓦学习到勒让德、拉格朗日等大师们的著作, 并开始研究代数方程论.

在随后的两年内, 伽罗瓦两度报考法国最好的大学 —— 巴黎综合理工学院, 但却因为缺乏基本训练以及桀骜不驯的性格而名落孙山, 只能退而求其次进入巴黎高等师范学院学习. 在此之前, 伽罗瓦已经意识到代数方程不可根式解, 他向科学院提交了这方面的论文, 但却被柯西要求修改.

图 9 传奇数学家 —— 伽罗瓦

伽罗瓦精心写了一篇新论文, 但由于审稿人傅里叶 (J. Fourier)的去世而再无下文. 愤怒的伽罗瓦随后参与到政治运动中, 并因为抨击校长而被开除. 1831 年 1 月, 他第三次向科学院提交论文, 但仍遭否定. 在这期间, 他还因为对统治者明显的讥讽以及游行示威而两度被判入狱.

出狱后, 伽罗瓦陷入到一场决斗. 在决斗的前夕, 他在给朋友的信中写下了"我发现了方程根式可解的条件, 证明需要一些完善, 但我没有时间了"的绝笔信. 这个景象如同阿贝尔去世前仍拼命工作一样, 是数学史上最悲壮的景象之一. 第二天, 年仅 20 岁的伽罗瓦在与他人的决斗中去世.

关于伽罗瓦更详细的传记与贡献, 可见附录III.

2.9 商 群

伽罗瓦通过引入群的术语和概念, 将代数方程根式解与群分解联系起来, 从而彻底解决了这个古典难题. 可以说, 伽罗瓦是第一个具有"结构"思想的数学家, 他引入了正规子群的概念, 给出了第一个单群, 指出群分解是群论的发展方向. 他还明晰了可解群的概念, 给出了清晰的定义. 诸多贡献表明, 伽罗瓦确实是一个具有战略眼光的大数学家.

伽罗瓦给出的可解群定义如下.

定义 2.9.1 (可解群) 如果群 G 存在有限终止的正规子群列

$$G = H_0 \rhd H_1 \rhd H_2 \rhd \cdots \rhd H_n = \{e\},$$

其中 $[H_i : H_{i+1}]$ 为素数 $p(0 \leqslant i \leqslant n-1)$, 则称群 G 为**可解群**(solvable group).

可解群完美地刻画了代数方程的根式可解. 对于三次一般方程, 其伽罗瓦群为 3 次对称群 S_3. 由于 S_3 存在正规子群列

$$S_3 \rhd A_3 \rhd \{(1)\},$$

故为可解群, 从而三次一般方程根式可解. 同理, 由于 S_4 具有正规子群列

$$S_4 \rhd A_4 \rhd \{(1),(12)(34),(13)(24),(14)(23)\} \rhd \{(1),(12)(34)\} \rhd \{(1)\},$$

从而四次一般方程根式可解. 但是对于 S_5 来说, 由于 A_5 是单群, 故 S_5 不是可解群. 由定理 2.8.5 可知, n 次交错群 $A_n(n > 4)$ 是单群, 故

定理 2.9.2 当 $n > 4$ 时, n 次对称群 S_n 均为不可解群.

这也是五次及五次以上的一般方程不可根式解的根本原因所在.

由定理 2.7.7 可知, 素数阶群必为循环群, 故可解群中的正规子群 H_{i+1} 关于 H_i 的所有陪集 H_i/H_{i+1} 必为一个循环群 $(0 \leqslant i \leqslant n-1)$. 实际上, 这个群正是辅助方程的伽罗瓦群. 因此从后见之明来看, 伽罗瓦的工作中已经蕴含到商群. 只不过他将注意力集中于群分解, 而没能注意到这个群.

商群概念的得到历经了很长时间. 自伽罗瓦后, 历经戴德金、若尔当等多位数学家的工作, 最后由德国数学家赫尔德 (O. Hölder)在 19 世纪末给出了清晰的定义. 赫尔德采用了陪集来定义商群, 由于正规子群的左右陪集相同, 故考虑所有陪集组成的集合 $G/H = \{aH \mid a \in G\}$.

群 G 提供了元素间自然的运算, 因此很自然地可定义陪集上的运算 $aH \cdot bH = (ab)H$. 可证明, 此运算的定义是良性的, 不妨设 $aH = a_1H, bH = b_1H$, 则

$$\begin{aligned} a_1H \cdot b_1H &= (a_1b_1)H = a_1(b_1H) = a_1(bH) = a_1(Hb) \\ &= (a_1H)b = (aH)b = a(Hb) = (ab)H \\ &= aH \cdot bH. \end{aligned}$$

陪集的运算与代表元的选取无关, 两个陪集的乘积仍为一个陪集.

定义 2.9.3 (商群)　设 G 为群, H 是 G 的正规子群, 则 H 的所有陪集 G/H 关于上述运算构成一个群, 这个群称为群 G 关于子群 H 的**商群**(quotient group), 仍记为 G/H.

对商群的理解, 最重要的在于明确商群的元素. 在商群 G/H 中, 单位元为 H, 任意元 aH 的逆元是 $a^{-1}H$. 商群的阶数为陪集的个数, 可知为 $[G:H]$, 显然商群 G/H 的阶整除群 G 的阶. 商群的例子很多, 实际上, 最早在数论中出现的剩余类加群 $\mathbb{Z}_n$ 就是商群. 对于整群加群 $\mathbb{Z}$ 来说, $n\mathbb{Z}$ 是其正规子群. 因此 $n\mathbb{Z}$ 的全体陪集为

$$[0] = 0 + n\mathbb{Z} = \{nz \mid z \in \mathbb{Z}\},$$

$$[1] = 1 + n\mathbb{Z} = \{1 + nz \mid z \in \mathbb{Z}\},$$

$$\cdots\cdots\cdots$$

$$[n-1] = n - 1 + n\mathbb{Z} = \{(n-1) + nz \mid z \in \mathbb{Z}\},$$

它们的运算为 $[i]+[j] = i + n\mathbb{Z} + j + n\mathbb{Z} = i + j + n\mathbb{Z} = [i+j]$, 这正是例子 2.2.1 中的模 n 剩余类加群 $\mathbb{Z}_n$. 可见, $\mathbb{Z}_n$ 是 $\mathbb{Z}$ 关于 $n\mathbb{Z}$ 的商群, 因此 $\mathbb{Z}/n\mathbb{Z} = \mathbb{Z}_n$.

可见, 有限循环群都可以理解成商群. 由于商群是由原群正规子群的陪集构成的, 因此它在很多方面保持了与原来群相似的性质.

定理 2.9.4　对于循环群 G, H 为其任意子群, 则商群 G/H 是循环群.

这条定理的证明并不困难, 我们不妨设 $G = \langle a\rangle$, 子群 $H = \langle a^m\rangle$, 则对于任意的 $gH \in G/H$, 由于必存在 n 使得 $g = a^n$, 所以 $gH = a^nH = (aH)^n$, G/H 是循环群. 更为重要的是, 循环群 G 的生成元 a 所在的陪集 aH, 仍是商群 G/H 的生成元, 故 $G/H = \langle aH\rangle$.

定理 2.9.5　对于交换群 G, H 为其任意子群, 则商群 G/H 是交换群.

对于交换群, 其商群也保留了交换的性质. 由于对于任意的 $a,b \in G$ 有 $ab = ba$, 故对于任意的 $aH, bH \in G/H$, 必有 $aH \cdot bH = (ab)H = (ba)H = bH \cdot aH$ 成立. 非交换群的商群也可以是交换群. 比如群 G 对其换位子群的商群 G/G' 就是交换群. 这是因为对于任意的 $a,b \in G$, 由于 $[ab] = a^{-1}b^{-1}ab = (ba)^{-1}ab \in G'$, 故 $aG' \cdot bG' = (ab)G' = (ba)G' = bG' \cdot aG'$.

换位子群的另一个重要意义在于, 它给出了定义可解群的另一种方法.

定义 2.9.6　*设有限群为 G, 记 $G^{(1)} = G'$, $G^{(2)} = (G^{(1)})'$, $\cdots$, $G^{(i)} = (G^{(i-1)})'$, 于是得到 G 的一个正规子群序列*

$$G \rhd G^{(1)} \rhd G^{(2)} \rhd \cdots \rhd G^{(i-1)} \rhd G^{(i)} \rhd \cdots,$$

如果存在 $n \geqslant 1$, 使得 $G^{(n)} = \{e\}$, 则 G 为可解群.

根据可解群的这一定义, 我们可知交换群必为可解群, 因为 $G^{(1)} = \{e\}$. 但是反过来, 可解群不一定是交换群, 比如 3 次对称群 S_3 可解但却不交换. 由此可见, 可解群是对交换群的进一步推广, 它比交换群广阔得多. 下图给出了交换群与可解群的关系.

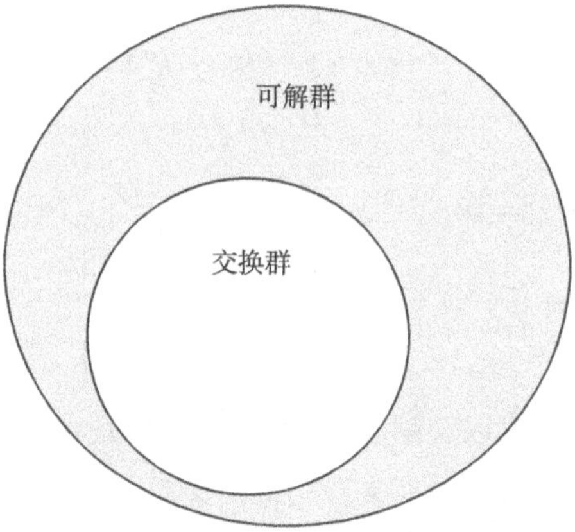

图 10　交换群与可解群的关系

另一方面, 由于商群 G/H 的阶整除群 G 的阶, 因此商群 G/H 的结构要比原群 G 简单一些. 通过商群的性质来讨论原群, 在拉格朗日定理的逆问题上有重要应用. 比如在验证 S_4 是否为可解群的过程中, 我们将 S_4 分解为 A_4 后, 自然要验证 A_4 是否存在 6 阶子群. 通过商群, 这个讨论可以变得十分简单 (读者可自己验证).

我们再回过头来看定理 2.7.8. 在 2.7 节时, 我们手头的工具还不能证明这个定理. 但是在引入商群的概念后, 这个问题就迎刃而解了. 类似的例子在历史上并不少见, 我们也不止一次表达过这样的观点: 那就是近代以来, 用清晰的概念来代替繁复的计算是数学发展的一个重要趋向.

定理 2.7.8　对于阶为 n 的交换群 G, 如果正整数 m 整除 n, 则 G 存在 m 阶子群.

由于商群的阶要小于原群, 故可对群 G 的阶数进行数学归纳. 当 $n=2$ 时, G 同构于 $\mathbb{Z}_2$, 结论显然成立. 假设结论对所有阶数小于 n 的交换群成立, 然后考察阶数为 n 的群 G.

(1) 当 m 为素数 p 时, 任取非单位元 $a \in G$, 其阶数为 r. 如果 p 整除 r, 则 G 有 p 阶子群 $\langle a^{\frac{r}{p}} \rangle$. 如果 p 不整除 r, 则 p 整除 $\frac{n}{r}$. 令 $H=\langle a \rangle$, 由定理 2.9.5 可知, 商群 G/H 为交换群. 由于 $|G/H|=\frac{n}{r}<n$, 则由归纳假设可知, 商群 G/H 有 p 阶子群 $\langle bH \rangle$. 由于 $(bH)^p=H$, 故 $b^p \in H$, $(b^p)^r=(b^r)^p=e$. 但由于 $(p,r)=1$, $b^r \neq e$, 所以 $\langle b^r \rangle$ 是 G 的 p 阶子群.

(2) 当 m 为合数时, 任取 m 的一个素因子 p, 由 (1) 可知, G 有 p 阶子群 H. 做商群 G/H, 由于 $|G/H|=\frac{n}{p}<n$, $\frac{m}{p}$ 整除 $\frac{n}{p}$, 则由归纳假设可知, 商群 G/H 有 $\frac{m}{p}$ 阶子群 aH. 由于 $(aH)^{\frac{m}{p}}=H$, 故 $a^{\frac{m}{p}} \in H$, $\left(a^{\frac{m}{p}}\right)^p=a^m=e$. 所以 $\langle a \rangle$ 是 G 的 m 阶子群.

由于商群概念的成熟很晚, 上述定理证明的得到应该不会早于 19 世纪末. 除此之外, 群 G 的交换性也是一个重要的条件, 它保证了其必有商群. 但是令人吃惊的是, 法国数学家柯西在 1845 年对于任意的有限群 G, 得到了如下定理.

定理 2.9.7 (柯西定理)　对于阶为 n 的有限群 G, 如果 p 整除 n, 则群 G 必有阶为 p 的元素.

柯西定理不必像定理 2.7.8 要求的群 G 交换, 这个结果在当时是非常重要和先进的, 并进而激发了后续的一系列研究. 伽罗瓦通过引入正规子群和可解群的概念, 为群论的发展指出了一个方向. 而柯西则通过柯西定理, 为群论的发展指出了另一个方向. 因此, 柯西与伽罗瓦并列为群论的创立者是当之无愧的.

【商结构】

从名称来看, 商群与商和除法有关. 除法经常产生新的对象, 比如有理数 $\frac{a}{b}$ 就来源于整数的除法 $a \div b (b \neq 0)$. 除法的本质是分拆, 而分拆就必须有等价关系, 否则分拆就无从谈起.

设 $\sim$ 是集合 S 上的等价关系, 对于任意的 $a \in S$, a 的等价类为 $[a] = \{x \in S \mid x \sim a\}$. 集合 S 全体元素等价类的集合称为 S 的商集, 记作 $S/\sim$. 如果集合 S 上存在着结构, 比如代数结构或拓扑结构, 则通过自然映射 π, 商集合往往也会具有结构, 这就是**商结构**(quotient structure).

很多数学对象都可以理解为商结构, 比如我们日常见到的轮胎, 其标准的数学术语是环面. 在欧几里得平面 $\mathbb{R}^2$ 上定义关系:

$$(x, y) \sim (x', y'), \text{其中} x' - x \in \mathbb{Z}, y - y' \in \mathbb{Z},$$

可以证明 $\sim$ 是等价关系. 我们知道, 在连续的变换下, 环面 T 可由正方形的对边粘起来得到. 显然环面 T 就等价于 $\mathbb{R}^2/\sim$.

从直观上来看, 环面 T 与球面 $\mathbb{S}^2$ 不同 (环面有洞而球面没有). 如何从数学上精确地区别它们呢? 为此, 大数学家庞加莱引入了同调的概念, 后来被推广为同调群①. 同调群的形式为 $H_n = \mathrm{Ker}\partial_n/\mathrm{Im}\partial_{n+1}$, 其中 n 为维数, ∂_n 为链群 C_n 到 C_{n-1} 之间的同态映射, 并且满足 $\partial_n \cdot \partial_{n+1} = 0$. 由同调群的定义可知其为商群, 可见商结构的思想在数学中几乎是无处不在的.

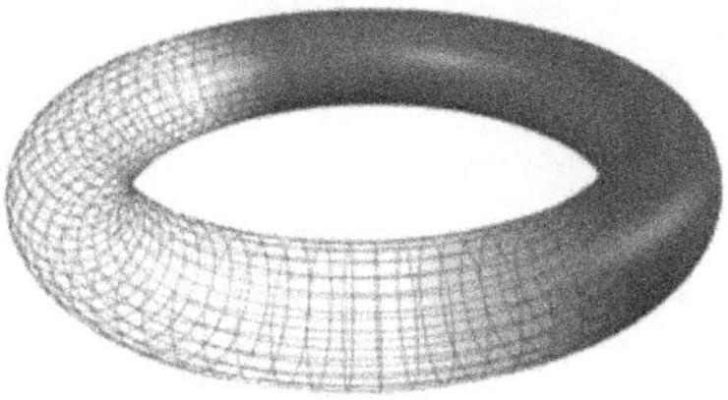

图 11　环面可以理解为 $\mathbb{R}^2$ 的商空间

2.10　同态定理

在商结构中, 有一类我们在线性代数中已经接触过, 那就是商 (线性) 空间. 商空间的定义与商群几无区别, 实际上, 它完全可以理解为交换群的商群. 设 V 为实数域 $\mathbb{R}$ 上的线性空间, W 为 V 的子空间, 则商空间为 $V/W = \{\alpha + W \mid \alpha \in V\}$.

① 关于同调群的概念, 可参见任何一本代数拓扑课本. 比如 Hatcher A. Algebraic Topology[M]. 北京: 清华大学出版社, 2002.

由线性代数知识可知, 线性空间 V 与商空间 V/W 存在着自然映射 $\pi: V \to V/W$, 使得 $\pi(\alpha) = \alpha + W$. 可以验证, 映射 π 是一个自然同态. 同理, 群 G 与商群 G/H 之间也存在着自然同态 $\pi: G \to G/H$, 使得 $\pi(g) = gH$. 同态映射既能保运算, 又不必为一一映射, 因而成为研究群最主要的方法之一.

设 $f: G \to G'$ 为群同态, H 与 K 分别是 G 与 G' 的子群, 则

(1) $f(H)$ 与 $f^{-1}(K)$ 分别是 G' 与 G 的子群.

(2) 如果 H 与 K 分别是 G 与 G' 的正规子群, 则 $f(H)$ 与 $f^{-1}(K)$ 分别是 G' 与 G 的正规子群.

这些性质的证明并不困难, 只需形式化地套用子群与正规子群的判定条件即可. 特别地, 我们称群 G' 单位元 e' 的原像

$$f^{-1}(e') = \{g \in G \mid f(g) = e'\}$$

为同态映射 f 的**核**(kernal). 核是衡量同态映射是否为单射的一个重要的量, 同态映射 f 为单射当且仅当核 $\mathrm{Ker}f = \{e\}$.

我们仍以向量空间 V 到商空间 V/W 的自然同态 π 为例, 商空间的零向量为 $0 + W$, 显然它的原像 $\pi^{-1}(0 + W) = W$ 为 V 的不变子空间. 根据群同态的性质 (2), 设 f 为群 G 到 G' 的同态映射, 则 $\mathrm{Ker}f$ 是 G 的正规子群. 有了正规子群, 就可以做商群 $G/\mathrm{Ker}f$.

由线性代数的同态基本定理可知, 线性空间的同态像实质上是它的商空间. 由于向量空间是一个加群, 故同态基本定理对群论完全适用. 我们在上一节提到商群会保留有原群的一些性质, 比如循环群和交换群的商群仍具有循环和交换的性质. 这是因为从同构的观点出发, 商群可以理解为群的同态像.

定理 2.10.1 (群同态基本定理)　设 $f: G \to G'$ 是群的同态, 令 $K = \mathrm{Ker}f$, 则 $G/K \cong f(G)$.

这条定理之所以被称为群同态基本定理①, 是因为它的证明思路和方法具有一般性, 可以推广到绝大多数群论问题的研究. 欲证明群同态基本定理, 首先需要构造映射. 由于 G 到 G/K 存在着自然同态, f 是 G 到 $f(G)$ 的同构映射, 故我们可构造映射 $\widetilde{f}: G/K \to f(G)$, 使得 $\widetilde{f}(aK) = f(a)$.

① 有时也被简称为同态定理.

构造出映射后, 首先要说明的是这个映射是合理的, 与代表元的选取无关. 其次, 要证明此映射为一一映射. 最后证明映射保运算. 对任意的 $aK, bK \in G/K$, 有

$$\widetilde{f}(aK \cdot bK) = \widetilde{f}(abK) = f(ab) = f(a)f(b) = \widetilde{f}(aK)\widetilde{f}(bK).$$

所以, $\widetilde{f}: G/K \to f(G)$ 是同构映射, 这个映射叫作**正则同构**(regular isomorphism).

显然, 当 f 是满映射时, 即 $f(G) = G'$ 时, 由群同态基本定理可知, $\widetilde{f}: G/K \to G'$ 是同构映射. 由此, 应用群同态基本定理证明群同构, 一般有以下几个步骤: 构造映射 f, 证明 f 是满射, 证明 f 是同态, 计算映射 f 的核, 得出正则同构 $\widetilde{f}$.

从历史上看, 同态基本定理的得出是 20 世纪以后的事情. 这也不难解释, 因为商群概念成熟得很晚. 德国女数学家诺特 (E. Noether)在 1927 年首次阐述了三个同构定理, 其中第一个同构定理被范德瓦尔登称为同态基本定理, 并写进了他的名著《近世代数学》, 这个名称沿用至今.

值得一提的是, 诺特是有史以来最为杰出的女数学家, 被誉为抽象代数学之母. 作为同态基本定理的应用, 我们再给出两个同构定理. 为了表示对诺特的致敬, 我们称这两个定理为第二同构定理与第三同构定理①.

定理 2.10.2 (第二同构定理)　设 H 是 G 的子群, K 为 G 的正规子群, 则

$$H/(H \cap K) \cong HK/K.$$

此定理虽名为第二同构定理, 但最核心的思想仍然是群同态基本定理, 下面的第三同构定理也不外如是. 按照同态定理证明群同构的步骤, 我们首先构造群 H 到 HK/K 的映射 $f(h) = hK$. 在构造映射 f 之前, 需要提前证明 K 是 HK 的正规子群 (请读者自证).

其次, 对于任意的 $h \in H$, $k \in K$, $hkK \in HK/K$, 由于 $hkK = hK$, $f(h) = hK = hkK$, 故 f 是满映射. 再次, 对于任意的 $h_1, h_2 \in H$, 有 $f(h_1h_2) = h_1h_2K = h_1K \cdot h_2K = f(h_1)(h_2)$, 故 f 是同态映射. 最后, 计算映射 f 的同态的核 $\mathrm{Ker}f = \{h \in H \mid f(h) = K\} = \{h \in H \mid hK = K\} = \{h \in H \mid h \in K\} = H \cap K$. 由同态基本定理可知, $H/(H \cap K) \cong HK/K$.

定理 2.10.3 (第三同构定理)　设 H 与 K 是 G 的两个正规子群, 且 K 是 H

① 有的教材中被称为第一同构定理和第二同构定理.

的子群, 则

$$G/H \cong (G/K)/(H/K).$$

这三个同构定理虽然本质上都是群同态基本定理, 但由于形式各异, 使用起来各有方便. 比如我们知道群 G/G' 是交换群, 实际上, G' 还是使得 G 的商群交换的最小正规子群. 因为对于群 G 任意的正规子群 N, 当 $G' \leqslant N$ 时, 由第三同构定理 $G/N \cong (G/G')/(N/G')$, 可知 G/N 是 G/G' 的商群, 交换群的商群仍交换, 故 G/N 是交换群.

【埃米·诺特】

埃米·诺特 1882 年出生于德国埃尔朗根, 她的父亲马克思·诺特 (Max Noether)是数学教授. 1900 年, 诺特[①]进入埃尔朗根大学, 开始跟随高尔丹 (P. Gordan) 学习不变式论. 期间, 她还到哥廷根听过希尔伯特、克莱因等人的课, 受到很大鼓舞. 1907 年, 诺特通过博士毕业考试, 在不变式论方面已小有名气.

1915 年, 诺特收到克莱因与希尔伯特的到哥廷根的邀请, 参与当时的热门课题 —— 相对论的研究. 接受邀请的过程并不顺畅, 一开始就受到了哥廷根几个教授的激烈反对. 直到 1919 年, 她才取得讲师资格. 正是在这几年之间, 她为广义相对论奠定了数学基础, 并将守恒定律与对称联系起来, 这个结果如今被称为"诺特定理".

诺特生活极为艰辛, 几位亲人先后在 20 年代去世, 薪水也少得可怜. 但是她不以为苦, 而是沉浸在理想理论和结合代数的研究中. 她不再只搞计算, 而是思考同态、同构、模、剩余类与理想等抽象的概念. 比如本节的同构定理, 正是诺特在这一时期的突出成果之一.

抽象代数学在 20 世纪初还不怎么普及, 正是由于诺特的工作, 抽象代数学成为数学的主流, 以致于外尔断言代数学是 20 世纪数学的两大支柱[②], 而诺特本人则被誉为"抽象代数之母". 诺特还对拓扑学作出了重要贡献, 她提醒拓扑学家注意代数学的应用. 我们在上一节商结构中提到的同调群, 正是诺特建议给拓扑学

① 如不特指, 诺特均指埃米·诺特.

② 另一项为拓扑学, 具体论述可见前言.

家的.

图 12　哥廷根的黄金岁月 —— 诺特学派

诺特很喜欢与年轻人交流, 她的身边总是有一群年轻人, 这些年轻人被称为“诺特的孩子们”. 诺特并不善于表达自己的想法, 她的思想主要是通过学生们传播的. 1931 年, 范德瓦尔登出版了《近世代数学》, 引起了当时的轰动, 并深刻影响了此后代数学的教材. 实际上, 《近世代数学》的主要思路和内容主要来源于诺特与阿廷 (E. Artin)的讲义.

在诺特的学生中, 还有来自中国的曾炯之, 可惜曾炯之学成回国不久后去世. 倘若他能活得更久, 中国抽象代数学的发展或未可期. 诺特对德国、法国、苏联、美国乃至日本等国家数学的影响是不可估量的. 特别是法国的布尔巴基学派, 他们充分吸收了诺特的思想方法, 并以数学结构和分类作为自己的哲学和信仰.

由于是犹太人的缘故, 诺特晚年受到纳粹的迫害, 被迫流亡美国. 在美国不到两年, 她因为一次手术得了并发症, 与世长辞. 她去世后, 爱因斯坦和外尔都写文章或演讲来纪念她. 这些无可争议地表明: 诺特是有史以来最伟大的女数学家, 她确实无愧于这个称号.

第3章　群　论　II

3.1　群　作　用

群作用于集合的想法由来已久, 早在拉格朗日时期, 他就用置换来作用预解式. 鲁菲尼、柯西、若尔当都曾研究过置换群的传递性, 其完全可看作是置换群在集合上的作用. 由凯莱定理可知, 所有的群均同构于置换群或变换群, 故群作用的思想完全可以推广到任意的群. 说白了, 群作用无非是对置换群与变换群的进一步拓展.

定义 3.1.1(群作用)　设 G 为一个群, X 是一个非空集合, 如果存在映射: $G\times X\to X$, 使得对于任意的 $g_1,g_2\in G, x\in X$ 满足

(1) $ex=x$,

(2) $(g_1g_2)x=g_1(g_2x)$,

则称此映射定义了群 G 在集合 X 上的**作用**(action).

群作用可用于集合的分类. 设群 G 作用于集合 X, 定义集合 X 上的关系

$$x\sim x'\Leftrightarrow \text{存在 } g\in G \text{ 使得 } gx=x',$$

可以验证, $\sim$ 是等价关系. 与 x 等价的集合记为

$$O_x=\{gx\mid g\in G\}\subset X,$$

称为 x 在 G 作用下的**轨道**(orbit). 由于轨道是等价类, 故决定了集合 X 的一个分拆, 使得 $X=\bigcup\limits_x O_x$, 其中 x 取遍轨道的代表元系.

我们不妨设 $G=S_2$, $X=\{1,2,3,4\}$, 则 $O_1=O_2=\{1,2\}$, $O_3=\{3\}$, $O_4=\{4\}$. 但当 $G=A_4$ 时, 则 $O_1=O_2=O_3=O_4=\{1,2,3,4\}=X$. 因此, 如果轨道 O_x 等于被作用的集合 X, 即对于任意的 $x,x'\in X$, 存在 $g\in G$ 使得 $gx=x'$, 则称群 G 对 X 的作用是**传递的**(transtive). 显然集合 X 上的对称群 S_X 在 X 上的作用是传递的.

群作用不仅能用于集合的分类, 还可以用来讨论群的结构. 设群 G 作用于集合 X 上, $x \in X$, 我们称作用 x 不变的元素集合为 x 在 G 中的**稳定子**(stabilizer), 记为

$$G_x = \{g \in G \mid gx = x\}.$$

可以证明, 稳定子 G_x 是群 G 的子群, 故 G_x 也被称为稳定子群. 仍以 $G = S_2$ 作用 $X = \{1,2,3,4\}$, 则 $G_1 = G_2 = \{(1)\}, G_3 = \{(1),(12)\}$. 我们发现, $|O_1| = \dfrac{|G|}{|G_1|}, \cdots, |O_4| = \dfrac{|G|}{|G_4|}$.

实际上, 这个情形对有限群 G 是普遍成立的. 设群 G 作用于集合 X, 对于任意的 $x \in X$, x 可以产生一个轨道 O_x 和稳定子群 G_x. 构造 O_x 到 G/G_x 的映射 φ 使得 $\varphi(gx) = gG_x$, 可证明 φ 为一一映射 (请读者自证). 故

$$|O_x| = |G/G_x| = [G : G_x],$$

这个公式被称为轨道公式, 它决定了轨道的长度. 由于 $X = \bigcup\limits_x O_x$, 故

$$|X| = \sum_x |O_x| = \sum_x [G : G_x], \tag{3.1.1}$$

其中 x 遍历所有轨道的代表元.

反过来, 对轨道公式做一下变形, 我们得到 $|G| = |O_x||G_x|$, 这个式子在确定正多面体的对称方面非常方便. 比如对于正四面体来说, 设其对称群为 G, 顶点集合为 $X = \{1,2,3,4\}$, 点 1 所在的轨道为 $O_1 = X$, 保持点 1 不变的稳定子群 $H = \{(1),(123),(132)\}$. 则由轨道公式可知, $|G| = |X||H| = 3 \times 4 = 12$, 由于 $G < S_4$, 故 G 必为 4 次交错群 A_4.

轨道公式虽然给出了轨道长度的计算方法, 但却没有涉及轨道的计数问题. 由于轨道是等价类, 相较于知道每个等价类的个数, 人们有时候更加关心类数问题. 通过引入稳定子群的概念, 我们确定了轨道的长度. 而轨道个数的确定, 则需要引入新的概念.

设群 G 作用于集合 X, 如果 $gx = x$, 则称 x 为 g 的一个**不动点**(fixed element). 显然, g 可能不止一个不动点, 其所有不动点组成的集合称为 g 的**不动点集**(fixed element set), 记为 $X_g = \{x \in X \mid gx = x\}$. g 的不动点集可推广到群 G, 显然 $X_G \subset X_g \subset X$.

特别地, 当 $x \in X_G$ 时, 由 X_G 的定义可知, $O_x = \{x\}$, $G_x = G$, 可知不动点集 X_G 中的元素所在的轨道只有一个元素. 因此公式 (3.1.1) 变为

$$|X| = \sum_x |O_x| = |X_G| + \sum_x [G : G_x],$$

其中 x 取遍非不动点集的代表元.

有了不动点集的概念后, 轨道的计数问题也就迎刃而解了. 由于不动点集的定义与稳定子群几乎一样, 它们的计数方式也基本相同. 如果 $gx = x$, 则稳定子群 $G_x = \{g \in G \mid gx = x\}$ 的阶与不动点集 $X_g = \{x \in X \mid gx = x\}$ 元素的个数各增加 1. 分别遍历群 G 和集合 X 的元素, 就得到了稳定子群的阶与不动点集的个数. 因此设

$$\delta(g, x) = \begin{cases} 1, & gx = x, \\ 0, & gx \neq x, \end{cases}$$

则显然

$$|G_x| = \sum_{g \in G} \delta(g, x), \quad |X_g| = \sum_{x \in X} \delta(g, x).$$

在稳定子群 G_x 和不动点集 X_g 的元素个数得到清晰的刻画后, 轨道的个数就可以确定了. 由于

$$\sum_{g \in G} |X_g| = \sum_{g \in G} \left(\sum_{x \in X} \delta(g, x) \right) = \sum_{x \in X} \left(\sum_{g \in G} \delta(g, x) \right) = \sum_{x \in X} |G_x|,$$

设 $[X/G]$ 为轨道的数目, 则

$$\sum_{x \in X} |G_x| = \sum_{i=1}^{[X/G]} |O_{x_i}||G_{x_i}| = \sum_{i=1}^{[X/G]} |G| = |X/G||G|,$$

显然

$$[X/G] = \frac{1}{|G|} \sum_{g \in G} |X_g|.$$

这个结果可以被称为轨道计数定理. 由于很多人都是从伯恩赛德 (W. Burnside)1911 年的第二版《有限群论》(*Theory of Groups of Finite Order*) 知道这个结果的, 所以这个定理也被称为伯恩赛德引理. 定理被称为引理并不稀奇, 如泛函分析中的里斯引理就是一个例子.

定理 3.1.2(伯恩赛德引理)　设有限群 G 作用于有限集合 X 上, $[X/G]$ 为 X 在 G 作用下的轨道数, 则

$$|X/G| = \frac{1}{|G|}\sum_{g\in G}|X_g|.$$

但是从历史上看, "伯恩赛德引理" 名不副实. 柯西与弗罗贝尼乌斯 (F. G. Frobenius)都曾得到这个结果. 实际上, 伯恩赛德在 1897 年《有限群论》第一版中, 还将这个定理归功于弗罗贝尼乌斯. 但在第二版中, 这些内容被删除了, 这足够引发无穷的遐想. 由于当时科学的传播还没有今天这般发达, 才使得伯恩赛德独享了这个名声. 公正地说, 伯恩赛德引理被称为"柯西-弗罗贝尼乌斯-伯恩赛德引理"才是最恰当的.

轨道公式与伯恩赛德引理是群作用两个最重要的结果, 它们沟通了群论与集合之间的关系, 特别是伯恩赛德引理给出了轨道计数的算法, 应用十分广泛. 1937 年, 匈牙利数学家波利亚 (Pólya) 将伯恩赛德引理进一步推广, 得到波利亚计数定理. 有关伯恩赛德引理与波利亚计数定理的应用, 有兴趣的读者可参看萧文强的《波利亚计数定理》(大连理工大学出版社, 2011).

【群方程】

在 2.8 节"正规子群"中, 通过元素 g 的中心化子 $C_G(g)$, 我们给出了类方程

$$|G| = |C(G)| + \sum_g [G : C_G(g)],$$

其中 g 取遍非中心共轭类的代表元. 相较于 2.8 节得出类方程的途径, 采用群作用的做法会更自然.

设群 G 作用于 $X = G$ 使得 $g(x) = g^{-1}xg$, 此作用一般被称为共轭作用. 对于任意的 $x \in G$, 其轨道和稳定子群分别为

$$O_x = \{g^{-1}xg \mid g \in G\} \text{ 与 } G_x = \{g \in G \mid g^{-1}xg = x\}.$$

由其构成可知, 轨道 O_x 为 x 所在的共轭类, 稳定子群 G_x 为 x 的中心化子 $C_G(x)$. 根据轨道公式有

$$|G| = \sum_x [G : G_x] = \sum_x [G : C_G(x)],$$

其中 x 取遍不同的轨道的代表元. 特别地, 当 $x \in C(G)$ 时, $[G : G_x] = 1$, 故群 G 的中心其实就是不动点集 X_G. 所以类方程的最终形式为

$$|G| = |C(G)| + \sum_x [G : C_G(x)].$$

类方程又被称为**群的方程**(equation of group), 是有限群论中最重要的工具之一. 它是由德国数学家弗罗贝尼乌斯给出的, 在之后的章节中, 我们将多次用到它.

3.2 西 罗 定 理

自高斯、伽罗瓦等人引入群的概念以来, 置换群是最主要的研究对象. 实际上, 现代群论的大部分结果都是在置换群的形式下得到的. 作为研究置换群理论的大专家, 柯西于 1845 年得到了柯西定理 (见定理 2.9.7). 简单来说, 柯西定理是指"*如果素数 p 整除有限群 G 的阶, 则 G 存在 p 阶元素.*"

由于柯西定理就特殊情形证明了拉格朗日定理逆定理, 故意义十分重大. 我们曾在 2.9 节高度评价柯西定理, 指出其为群论的发展指出了一个方向. 历史的进程也印证了这一点, 1872 年, 挪威中学教师西罗 (P. Sylow)大大推广了柯西的结果. 这些结果被总结为三个定理, 如今分别被称为西罗第一、第二与第三定理.

西罗首先将 p 阶子群的概念推广, 引入了 p-子群, 特别是西罗 p-子群的概念. 所谓**p-子群**(p-subgroup), 就是指阶数为素数幂的子群, 而**西罗 p-子群**(Sylow p-subgroup)则是指群 G 的最高次素数幂阶的子群. 比如对于 $120 = 2^3 \times 3 \times 5$ 阶群 S_5 来说, 西罗 p-子群的阶数为 8, 3 和 5.

定理 3.2.1 (西罗第一定理) *设有限群 G 的阶为 $p^n m$, 则 G 必存在 $p^i(i = 1, 2, \cdots, n)$ 阶子群. 特别地, G 的西罗 p-子群存在.*

显然当 $i = 1$ 时, 西罗第一定理就是柯西定理. 但是, 无论是柯西还是西罗的证明, 他们都是针对置换群的, 而且概念不清, 错误不少. 1884 年, 德国数学家弗罗贝尼乌斯坚持从抽象群的角度出发, 通过自己引入的群方程, 给出了任意群 G 的西罗第一定理的证明, 这个证明思路一直沿用至今.

由于群方程本质上是对 G 共轭类的分拆, 而分拆必然导致群阶数的减小, 故可以考虑用数学归纳法. 当 $|G| = p$ 时, 由柯西定理可知, 结论显然成立. 假设结论对

所有阶数小于 $|G| = p^n m$ 的群成立. 设 G 的非中心元素分别属于 t 个共轭类, 则群方程为

$$|G| = |C(G)| + \sum_{i=1}^{t}[G : C_G(x_i)].$$

(1) 如果 p 整除 $|C(G)|$, 则由柯西定理可知, $C(G)$ 有 p 阶元素 a. 由于 $H = \langle a \rangle < C(G)$, 故 H 是 G 的 p 阶正规子群. 做商群 G/H, 由于 $[G/H] < |G|$, p^{i-1} 整除 $[G/H]$, 则由归纳假设可知, G/H 有 p^{i-1} 阶子群 K/H. 由 K 的构造可知, K 是 G 的 $p^i(i = 1, 2, \cdots, n)$ 阶子群.

(2) 如果 p 不整除 $C(G)$, 则必存在 $x_j \in G - C(G)$ 使得 p 不整除 $[G : C(x_j)]$. 由于 $|C(x_j)| < |G|$, p^i 整除 $|C(x_j)|(i = 1, 2, \cdots, n)$, 则由归纳假设可知, $C(x_j)$ 有 p^i 阶子群 H, 故 G 也有 p^i 阶子群 H.

西罗第一定理指出, 对于任意的群 G, p-子群与西罗 p-子群总是存在的. 不仅如此, 西罗还给出了 p-子群的关系和个数.

定理 3.2.2 (西罗第二定理) *如果 H 是有限群 G 的 p-子群, P 是 G 的任一西罗 p-子群, 则存在 $g \in G$ 使得 $H < gPg^{-1}$. 特别地, 群 G 的任意西罗 p-子群都是共轭的.*

这个定理的证明要用到群作用. 令 $X = G/P$, H 作用于 X, 使得对于任意的 $h \in H$, $gP \in G/P$ 有 $h(gP) = hgP$, 考察这个作用的群方程

$$|X| = |X_H| + \sum_{x}[H : H_x],$$

由于 $p|\sum\limits_{x}[H : H_x] = |X| - |X_H|$, 故 $|X_H| \equiv |X| = [G : P](\text{mod } p)$. 同时由于 p 不能整除 $[G : P]$, 所以 $|X_H| \neq 0$, 这说明存在 $gP \in G/P$ 使得对于任意的 $h \in H$ 有 $hgP = gP$, 故 $g^{-1}Hg < P$, $H < gPg^{-1}$.

特别地, 当 H 为群 G 的西罗 p-子群时, 由于 $H < gPg^{-1}$, $|H| = |P|$, 故 $H = gPg^{-1}$, H 与 P 共轭. 由此结果可知, 所有的西罗 p-子群彼此共轭. 因此, 当群 G 只有一个西罗 p-子群 H 时, 由西罗第二定理可知, H 是 G 的正规子群的充要条件是 H 是 G 的唯一的西罗 p-子群.

定理 3.2.3 (西罗第三定理) *群 G 的西罗 p-子群的个数为 $|G|$ 的因子, 其形式为 $1 + kp(k \geqslant 0)$.*

设 P 为群 G 的西罗 p-子群, 由于所有的西罗 p-子群彼此共轭, 根据 2.8 节可知, 西罗 p-子群的个数为其共轭子群的个数 $[G:N_G(P)]$, 显然 $[G:N_G(P)]$ 是 $|G|$ 的因子. 设 G 的所有西罗 p-子群的集合为

$$X=\{P_1,P_2,\cdots,P_n\},$$

设 P 为 G 的任一西罗 p-子群, 考虑其在 X 上的作用, 使得对于任意的 $g\in P$, $P_i\in X$, 有 $gP_i=g^{-1}P_ig$. 若 $P_i\in X_P$, 则对于任意的 $g\in P$ 有 $g^{-1}P_ig=P_i$, 故 $P<N_G(P_i)$. 由于 $P_i\lhd N_G(P_i)$, 故 $P=P_i$, 由定理 3.2.2 的证明可知, $1=|X_P|\equiv|X|=n(\bmod p)$, 西罗 p-子群的个数为 $1+kp$.

西罗定理在特殊情形下回答了拉格朗日逆定理的问题, 揭示了群 G 与其 p-子群的关系. p-子群的阶数为素数幂, 这样的群对探究群 G 的结构非常重要. 如果一个群 G 的阶为素数幂, 则这个群被称为 p**群**(p-group). p 群在有限群的构造中处于基础的地位. 因此, 自西罗定理以来, 有限 p 群成为一个重要的研究领域. 特别地, 有限 p 群具有以下性质.

定理 3.2.4 有限 p 群 G 中心的阶 $|C(G)|>1$.

这个定理的证明不难得到. 考虑群方程

$$|G|=|C(G)|+\sum_x[G:C_G(x)],$$

由于 p 整除 $|G|$, 若 $|C(G)|=1$, 则必存在某个 $x_i\neq e$, 使得 $[G:C_G(x_i)]=1$, 但这时 $x_i\in C(G)$, 与 $|C(G)|=1$ 矛盾, 故 $|C(G)|>1$. 由于中心 $C(G)$ 刻画了群 G 的交换程度, 而有限 p 群中心的阶大于 1, 故其交换程度较高. 可以这么认为, 有限 p 群是对交换群的推广. 特别地, 有如下定理.

定理 3.2.5 p^2 阶群一定是交换群.

这个定理的证明同样不难得到. 如果 G 有一个 p^2 阶元素, 则 G 必为 p^2 阶循环群. 如果 G 没有 p^2 阶元素, 则除单位元 e 外, 所有元的阶都为 p. 取 $e\neq a\in C(G)$, 则必存在 $b\notin\langle a\rangle$, 使得 $G=\langle a,b\rangle$. 由 G 的构造可知, G 为交换群. 由此可知, 4 阶群必为交换群. 不难验证, 4 阶群必同构于 $\mathbb{Z}_4$ 或克莱因四元群 K_4, 这两个群均为交换群.

到 19 世纪末, 数学家 (主要是赫尔德) 已经弄清了 p^3,p^4,pq^2,pqr 阶群的结构.

特别地, 当 $n \geqslant 3$ 时, p^n 阶群不再必须是交换群. 我们将在 3.4 节给出两个 p^3 阶不交换群的例子: 二面体群 D_8 与四元数群 Q_8. 至于 $p^n(1 \leqslant n \leqslant 3)$ 阶群的结构, 则可见 3.4 节的补充材料.

【西罗与挪威数学】

自牛顿发明微积分以来, 英、法、德先后执数学之牛耳. 到 19 世纪初, 巴黎成为世界数学的中心, 德国则有数学王子高斯. 与此同时, 地处北欧的挪威数学也开始崛起, 领头人则是我们在前面章节中多次提到的阿贝尔. 作为挪威有史以来最为杰出的数学家, 他可歌可泣的事迹激励着一代又一代挪威年轻人向数学发起冲击, 西罗就是在这样的背景下成长起来的.

图 13　挪威数学家西罗

1832 年, 西罗出生于挪威的克里斯蒂安尼亚. 西罗的父亲曾任挪威政府部长, 他也因此受到了很好的抚养与教育. 1850 年, 西罗进入到克里斯蒂安尼亚大学学习, 并曾赢得数学竞赛. 毕业后, 由于大学没有足够多的职位, 他不得不在中学教书, 在这个职位上一干就是 40 多年.

在中学任教期间, 他对教书丝毫不感兴趣, 而是醉心于数学研究. 1861 年, 西罗得到资助赴巴黎和柏林游学, 逐渐熟悉了方程论的新工作 (实际上就是置换群). 回国后, 他在克里斯蒂安尼亚大学做了代数方程论的演讲, 在听众当中有一位年轻人, 日后成为著名的数学家, 他就是李群理论的创始人 —— 索菲斯 · 李.

在柯西定理得到证明之后, 西罗开始思考素数幂次子群的存在问题, 这个问题是对柯西定理的大规模推广. 经过十余年的研究, 西罗于 1872 年发表了这个结果的三个定理, 使他获得了广泛的名声. 1898 年, 西罗从中学调入克里斯蒂安尼亚大学, 直到 1918 年去世.

西罗是从学习阿贝尔的论文开始研究数学的, 他的一生都与阿贝尔有关联. 1881 年, 西罗与李合作编辑了阿贝尔的全集. 1902 年, 他又与霍尔斯特 (E. Holst) 合作出版了阿贝尔的通信集. 西罗致力于宣传阿贝尔的数学精神, 在阿贝尔与西罗之后, 挪威数学人才辈出, 终于成为世界数学一支不可忽视的力量.

3.3 合成群列

当西罗给出他著名的三个定理时, 正值数学家对置换群研究的高峰之际. 1870 年, 法国数学家若尔当出版了《置换与代数方程专论》(*Traité des Substitutions Et des Équations Algébriques*), 对代数方程与置换群进行了综合的论述. 特别地, 他对伽罗瓦的工作进行了完整和清晰的论述, 被誉为使伽罗瓦理论显著增色的第一人.

简单来说, 伽罗瓦关于方程根式解的核心思想是群分解. 对于有限群 G, 若其有非平凡正规子群 N, 则可做商群 G/N. 反过来, 群 G 也可理解为 N 与 G/N 的"合成". 若群 N 或 G/N 还有非平凡正规子群, 这种分解就可以继续下去. 由于 G 为有限群, 这种分解过程总可以在有限次中完成. 这样, 我们就得到了 G 的一个子群列.

定义 3.3.1 (正规群列)　设 G 是一个群, $G_0, G_1, G_2, \cdots, G_n$ 是 G 的子群, 如果 G_i 满足

$$G = G_0 \trianglerighteq G_1 \trianglerighteq G_2 \trianglerighteq \cdots \trianglerighteq G_n = \{e\}, \tag{3.3.1}$$

则称式 (3.3.1) 为群 G 的**次正规群列**(subnormal series). 特别地, 如果每个 $G_i(i = 1, 2, \cdots, n)$ 都是 G 的正规子群, 则称式 (3.3.1) 为群 G 的**正规群列**(normal series).

正规群列的想法类似于除法, 故商群 $G_i/G_{i+1}(i = 0, 1, \cdots, n-1)$ 被称为**因**

子(factor), 商群的个数 n 则被称为正规群列的**长度**(length). 为了通过正规群列来研究群 G, 数学家自然希望因子越简单越好. 从结构上来说, 最简单的群是单群.

定理 3.3.2　*如果群 G 的次正规群列的每个因子都为单群, 则次正规群列被称为***合成群列**(composition series), *因子被称为***合成因子**(composition factor).

一个自然的问题是, 有限群是否总是存在合成群列? 对于群 G 的任何次正规群列, 如果因子 G_i/G_{i+1} 不为单群, 则说明存在正规子群 H 满足 $G_{i+1} \trianglelefteq H \trianglelefteq G_i$ 使得 $H/G_{i+1} \trianglelefteq G_i/G_{i+1}$. 因此, 欲使 G/H 为单群, 只需 H 为 G_i 的极大子群即可. 故对于群 G 的任意正规群列, 我们总能通过逐次添加极大正规子群得到合成群列, 这种方法一般被称为**加密**(refinement).

定理 3.3.3　*有限群 G 的任一个次正规群列都可以加密成一个合成群列.*

有限群 G 的合成群列必存在, 有的时候甚至不止一个. 对于群 G 的任意两个合成群列

$$G = G_0 \trianglerighteq G_1 \trianglerighteq G_2 \trianglerighteq \cdots \trianglerighteq G_{n_1} = \{e\}$$

与

$$G = H_0 \trianglerighteq H_1 \trianglerighteq H_2 \trianglerighteq \cdots \trianglerighteq H_{n_2} = \{e\},$$

如果 $n_1 = n_2$, 并且因子 G_i/G_{i+1} 与 H_i/H_{i+1} 同构, 则称合成群列是同构的. 1870 年, 若尔当就置换群 G 证明合成因子是不变量. 19 年后, 德国数学家赫尔德重新考虑了这个问题, 就抽象群 G 证明了合成群列是同构的. 这个重要的结果如今被称为若尔当-赫尔德定理.

定理 3.3.4 (若尔当-赫尔德定理)　*有限群 G 的任意两个合成群列都是同构的.*

在有限群论中, 数学归纳法是极为有效的证明手段. 由于合成群列本质上是将群分解, 从而可以使用数学归纳法证明若尔当-赫尔德定理 (请读者自证). 由若尔当和赫尔德的结果可知, 每个有限群 G 有唯一的合成因子, 这些合成因子决定了群 G.

若尔当-赫尔德定理在有限群论中的意义, 几乎相当于算术基本定理在数论中的地位. 之所以说几乎, 是因为给定两个同构的合成群列, 它们所决定的群不唯一.

比如以 $\mathbb{Z}_3$ 和 $\mathbb{Z}_2$ 为合成因子的群就有两个, 分别为 S_3 与 $\mathbb{Z}_6$:

$$S_3 \trianglerighteq \{(1),(123),(132)\} \trianglerighteq \{(1)\}, \mathbb{Z}_6 \trianglerighteq \mathbb{Z}_3 \trianglerighteq \{[0]\}.$$

虽然如此, 由于合成因子都是单群, 故决定所有的单群意义仍十分重大. 自赫尔德之后, 有限单群分类成为一个重要的研究领域 (见 4.4 节).

由可解群的定义 2.9.6 可知, 群 G 的导子群列是次正规群列. 伽罗瓦曾指出, 如果合成因子为素数阶循环群, 则群 G 可解. 实际上, 这个条件还可以放宽. 如果群 G 的次正规群列与正规群列因子交换, 则群 G 仍为可解群. 在具体验证群 G 是否可解时, 可适当选择不同的定义. 由西罗第二定理可知, 有限 p 群的极大子群为正规子群, 故其为可解群.

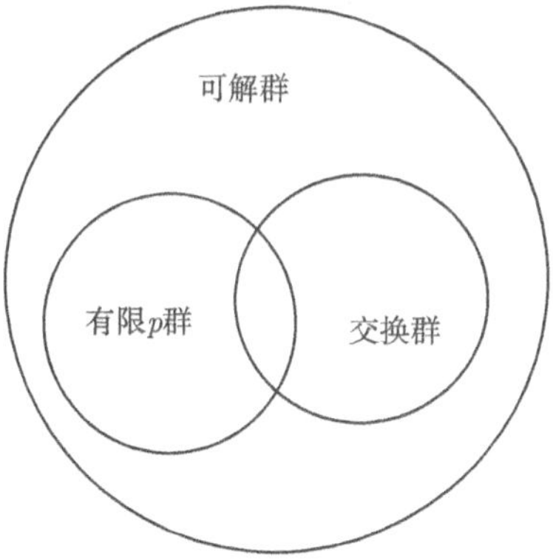

图 14　交换群、有限 p 群与可解群的关系

像有限 p 群那样, 通过群 G 的阶数就能判定 G 的可解性, 成为 19 世纪末的一个重要研究课题. 西罗定理与若尔当-赫尔德定理的得到, 使得数学家们在这方面得到了很多结果. 特别地, 赫尔德证明 pq, pqr 阶群为可解群. 1904 年, 伯恩赛德得到了如下定理.

定理 3.3.5(伯恩赛德定理)　*任何 $p^\alpha q^\beta$(p, q 为素数, α, β 为自然数) 阶群均是可解群.*

伯恩赛德定理也常被称为 $p^\alpha q^\beta$ 定理, 这个结果可以说是非常好的, 因为存在 p^2qr 阶群不是可解群, 比如 $|A_5| = 60 = 2^2 \times 3 \times 5$, 但 A_5 是单群. 伯恩赛德使用了弗罗贝尼乌斯发明的特征标, 仅用很短的篇幅就证明了这个定理, 初步显现了表示论的威力. 纯群论的证明直到 70 年后才出现, 而且异常复杂.

$p^\alpha q^\beta$ 定理表明, 可解群是一类很广的群. 7 年之后, 伯恩赛德提出了一个更大胆的猜想: 奇数阶群都是可解群. 这个猜想引出了菲特-汤普森定理, 并极大地促进了有限单群分类的研究.

【菲特-汤普森定理】

1911 年, 英国数学家伯恩赛德出版了第二版《有限群论》. 由于这本著作是用英文写的, 并将当时最新的群论结果 (很多是以德语发表的) 都收录在内, 所以传播极广. 特别地, 伯恩赛德提出了如下猜想.

猜想 3.3.6　*每个阶为奇数的有限群是可解群.*

在布饶尔 (R. Brauer)、铃木通夫 (M. Suzuki) 等人的基础上, 美国数学家菲特 (W. Feit)与汤普森 (J. G. Thompson)于 1963 年证明了此猜想是成立的. 他们的文章占据了《太平洋数学杂志》(*Pacific Journal of Mathematics*) 第 13 卷整一期, 文章长达 255 页.

在此之前, 群论的文章大都很短, 比如最短的麦凯 (Mckay) 对柯西定理的证明仅 1 页 (1959 年). 一旦群论学家接受了如此长篇的论证, 一连串更长的论文便开始出现了, 这就是著名的有限单群分类定理的证明. 由定义我们可知, 可解群必不是单群, 故除循环群外, 单群都是合数阶群.

菲特和汤普森也因此获得了极大荣誉, 两人先后被选为美国科学院院士. 其中菲特于 1965 年获得科尔奖章, 他还担任过国际数学联盟副主席. 汤普森更是荣誉等身, 他于 1970 年获菲尔兹奖, 1992 年获沃尔夫奖, 2008 年获阿贝尔奖, 成为少有的几个获全数学三大奖项的数学家①.

多位数学家寻求简化菲特-汤普森的证明, 但主要论证思路和结构未有大的变化, 只有一些细节被简化了. 2012 年 9 月, 贡蒂尔 (G. Gonthier) 领导的团队历经 6 年时间宣布用 Coq②完成了证明, 这是继四色定理后的计算机辅助证明的又一项重大成就.

---

① 除汤普森外, 还有法国数学家塞尔 (J. P. Serre)、美国数学家米尔诺 (J. Milnor)、法国数学家德利涅 (P. Deligne) 获全过这三大奖项.

② Coq 是一个交互式的定理证明辅助工具. 它允许用户输入包含数学断言的表达式、机械化地对这些断言执行检查、帮助构造形式化的证明、并从其形式化描述的构造性证明中提取出可验证的程序.

3.4 自 由 群

我们在前面的章节中讨论了很多群, 这些群大都是有限群, 受到群的阶数的制约. 但由群的定义可知, 最一般的群不必为有限群. 那什么才是最一般的群呢? 这就需要引入自由群的概念. 所谓自由群, 就是其元素之间没有任何平凡的约束, 它们是自由的. 要研究自由群, 首先要表示它们. 对于这种抽象的概念, 符号化是最常用的一种方法.

给定集合 $X=\{x_1,x_2,\cdots,x_r\}$ 和 $X^{-1}=\{x_1^{-1},x_2^{-1},\cdots,x_r^{-1}\}$, 其中 $X\bigcap X^{-1}=\varnothing$, $S=X\bigcup X^{-1}$. 类似于字母组成单词, 我们从 X 或 X^{-1} 取元素, 将它们连接起来得到 $w=a_1a_2\cdots a_n$, 称 w 为 X 上的**字**(word). 定义两个字的连写为字的乘积, 它们相当于群定义中的乘法. X 上的字 $w=a_1a_2\cdots a_n$ 称为既约的, 如果相邻的字母不互相为逆元.

我们用 $F(X)$ 表示 X 上既约字组成的集合. 可以验证, $F(X)$ 关于字的连写构成群, 称为 X 上的**自由群**(free group), X 的基数 $|X|$ 则被称为自由群的**秩**(rank). 自由群的秩不必为有限数, 这是自由群唯一的不变量. 显然, 对于任意集合 X, 都存在一个由 X 自由生成的群 G.

由于自由群的元素以及元素之间没有任何约束, 故此得名. 由此看来, 自由群本质上是一种十分简单的群. 我们曾在 2.9 节“商群”与 2.10 节“同态定理”中指出, 很多群可以看作是商群. 而通过自由群, 所有的群都可以理解为商群.

定理 3.4.1 *任一群 G 均同构于自由群的商群.*

设群 G 由 r 个元素生成, 则 $G=\langle a_1,a_2,\cdots,a_r\rangle$, r 不必是有限数. 设 $F(X)$ 为 $X=\{x_1,x_2,\cdots,x_n\}$ 上的自由群, 我们构造 $F(X)$ 到 G 的映射 f, 使得 $f(x_i)=a_i(i=1,2,\cdots,r)$. 可以证明, f 为同态映射, 故由同态基本定理可知

$$G\cong F(X)/\mathrm{Ker}f.$$

自由群具有很好的性质, 它的子群仍为自由群. 这个结果是由德国数学家施莱尔 (O. Schreier) 在 1927 年证明的. 值得一提的是, 他还于同一年引入了拓扑群的概念, 将群结构与拓扑结构联系起来. 不幸的是, 这位年轻有为的数学家英年早逝,

去世时年仅 28 岁.

对于阶数较小的群, 通过凯莱表可以很好地表出该群. 但是, 对于无限群, 群的表出非常困难, 需要寻找新的方法. 1882 年, 德国数学家代克用生成元与生成关系来定义群, 开创了组合群论这一分支. 数学家们随即注意到, 这种方法不仅对无限群适用, 对有限群表出也很方便.

生成元与生成关系是较为通俗的说法, 其本质是由自由群引出的呈示的概念. 由定理 3.4.1 可知, $F(X)$ 是 X 上的自由群, R 是 $F(X)$ 的一个子集, N 是 R 在 $F(x)$ 中的正规闭包, 即包含 R 的最小的正规子群. 如果群 $G \cong F(x)/N$, 则 $\langle X \mid R\rangle$ 称为群 G 的**呈示**(presentation). 进一步, 如果 X 与 R 皆为有限集合, 则称 $\langle X \mid R\rangle$ 为 G 的有限呈示.

历史上, 有限呈示群来源于几何学, 其定义关系很容易从几何学表出. 比如对于正 n 边形来说, 其所有对称变换关于映射的合成构成群, 称为**二面体群**(dihedral group), 记为 D_{2n}①. 我们以 a 表示沿某一对称轴 l 做的反射变换, 以 b 表示逆时针绕中心旋转 $\dfrac{2\pi}{n}$ 的变换, 于是由几何关系可知,

$$a^2 = e, \quad b^n = e, \quad a^{-1}ba = b^{-1},$$

其中 e 为恒等变换. 故二面体群 D_{2n} 的有限呈示为

$$D_{2n} = \langle a, b \mid a^2 = e, b^n = e, a^{-1}ba = b^{-1}\rangle.$$

1843 年, 爱尔兰数学家哈密顿 (W. R. Hamilton)发现了四元数. 四元数在形式上类似于复数, 但是它们的乘法不交换, 对代数学的发展具有革命性的意义. 哈密顿四元数的形式为

$$a + b\,\mathrm{i} + c\,\mathrm{j} + d\,\mathrm{k}, \quad a, b, c, d \in \mathbb{R},$$

其中 $\mathrm{i}^2 = \mathrm{j}^2 = \mathrm{k}^2 = -1$, 它们之间的乘法为

$$\mathrm{ij} = -\mathrm{ji} = \mathrm{k}, \quad \mathrm{jk} = -\mathrm{kj} = \mathrm{i}, \quad \mathrm{ki} = -\mathrm{ik} = \mathrm{j}.$$

可以验证 $\pm1, \pm\mathrm{i}, \pm\mathrm{j}, \pm\mathrm{k}$ 在四元数乘法下构成一个群, 叫作**哈密顿四元数群**(Hamilton quternion group), 简称**四元数群**, 记为 Q_8.

① 有的书记为 D_n, 这主要是从几何的观点出发的. 我们倾向于代数的观点, 因此记为 D_{2n}, 同时表明这个群有 $2n$ 个元素.

四元数群 Q_8 有一个特别的性质, 就是其本身不交换但子群却都是正规子群, 具有这种性质的群叫**哈密顿群**(Hamilton group). 若令 $a=\mathrm{i}, b=\mathrm{j}$, 则四元数群 Q_8 的有限呈示为

$$Q_8=\langle a,b \mid a^4=1, b^2=a^2, b^{-1}ab=a^{-1}\rangle.$$

哈密尔顿发现四元数的经历颇为传奇. 据说他是与夫人路过一座桥时, 突然想到了四元数, 并将它们刻在了那座桥上①. 更为传奇的是, 他还精通十几种语言. 哈密顿很喜欢文学, 认为文学与数学是近似的学科, 二者都是抽象思维的文字与符号.

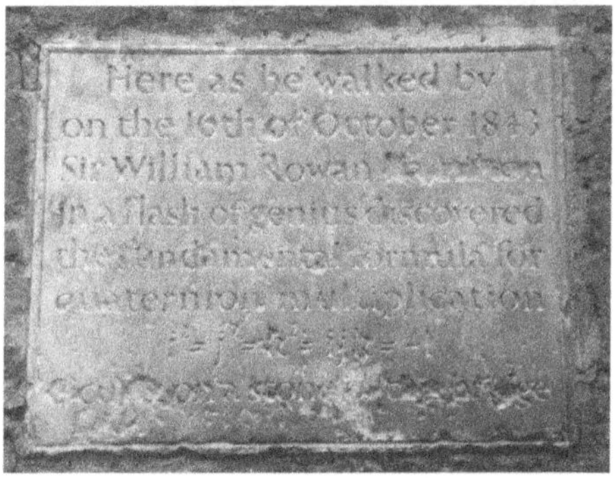

图 15 哈密顿发现四元数的桥

二面体群与四元数群是很重要的一类群. 特别地, 正方形的对称群 D_8 与四元数群 Q_8 是两个不同构的 8 阶群, 并且非交换 (请读者自证). 由于 $8=2^3$, 这说明 p^3 阶群不再是交换群. 不仅如此, 还可以证明: 8 阶非交换群有且只有 D_8 与 Q_8 这两个群.

【有限 p 群】

自西罗定理证明以来, 有限 p 群即开始受到数学家的关注, 赫尔德与弗罗贝尼乌斯都曾在这个领域作出贡献. 有限 p 群是有限群论的重要组成部分, 从极限的观

① 桥上现有碑文如下: Here as he walked by on the 16th of October 1843 Sir William Rowan Hamilton in a flash of genius discovered the fundamental formula for quaternion multiplication

$$\mathrm{i}^2=\mathrm{j}^2=\mathrm{k}^2=\mathrm{ijk}=-1,$$

cut it on a stone of this bridge.

点来看, 随着群阶数趋于无穷, 有限 p 群所占的比例越来越大, 几乎趋近于 1. 因此有学者曾断言: 有限 p 群将是群论研究新的生长点.

下面我们从自由群的观点出发, 采用呈示的表示方法, 给出 p^n 阶群 $(n=1,2,3)$ 的结构, 其中有部分为交换 p 群. 如果交换 p 群只有一个 p 阶子群, 则其必为循环群. 可以证明, 交换 p 群是交换群的"原子", 任何有限交换群均可以表示为交换 p 群的直和.

表 3 p^n 阶群 $(n=1,2,3)$ 的呈示

阶数	呈示
p	$\langle a \mid a^p = e\rangle$
p^2	$\langle a \mid a^{p^2} = e\rangle$
	$\langle a, b \mid a^p = e, b^p = e, ab = ba\rangle$
p^3	$\langle a \mid a^{p^3} = e\rangle$
	$\langle a, b \mid a^{p^2} = e, b^p = e, ab = ba\rangle$
	$\langle a, b, c \mid a^p = b^p = c^p = e, ab = ba, ac = ca, bc = cb\rangle$
$(p=2)$	$D_8 = \langle a, b \mid a^2 = e,\ b^4 = e,\ a^{-1}ba = b^{-1}\rangle$
	$Q_8 = \langle a, b \mid a^4 = e, b^2 = a^2, b^{-1}ab = a^{-1}\rangle$
$(p \neq 2)$	$\langle a, b \mid a^{p^2} = e,\ b^p = e,\ b^{-1}ab = a^{1+p}\rangle$
	$\langle a, b, c \mid a^p = b^p = c^p = e, ab = bac, ca = ac, cb = bc\rangle$

3.5 典 型 群

在 19 世纪 80 年代之前, 置换群在群中处于主体地位, 主要研究者为柯西与西罗等人. 到 19 世纪末, 数学家已开始研究抽象群的理论, 主要代表人物为弗罗贝尼乌斯. 在这个转变过程中, 变换群特别是线性群发挥了重要的作用, 而这主要得益于克莱因与若尔当的工作.

克莱因在《埃尔朗根纲领》中明确给出了变换群的概念, 但他没有给出任何一个例子. 而若尔当则在《置换与代数方程专论》中, 用矩阵给出了一大批变换群的例子, 其中最主要的就是一般线性群. 我们曾在 2.2 节提到实数域 $\mathbb{R}$ 上的一般线性群 $GL_n(\mathbb{R})$, 这个概念可以推广到任意的域 F 上①.

设 V 是域 F 上的 n 维线性空间, 则 V 的所有可逆变换对于合成运算构成群,

① 域的概念见 2.5 节补充材料.

称为域 F 上的**一般线性群**, 记作 $GL_n(F)$. 它同构于 F 上全体可逆矩阵构成的乘法群, 若尔当就是用矩阵定义线性群的. 不仅如此, 若尔当还给出了特殊线性群与射影特殊线性群的概念.

定义 3.5.1(特殊线性群) 设 F 为任意域, 则 F 上行列式为 1 的 n 阶方阵的集合

$$SL_n(F) = \{A \in GL_n(F) \mid |A| = 1\} \leqslant GL_n(F)$$

关于矩阵乘法构成群, 称为域 F 上的**特殊线性群**(special linear group).

由特殊线性群可引出很多群. 根据线性代数可知, 一般线性群 $GL_n(F)$ 的中心 $C(GL_n(F))$ 为所有非零对角矩阵的集合, 定义商群

$$PGL_n(F) = GL_n(F)/C(GL_n(F))$$

为 F 上的**射影线性群**(projective linear group). 此外, 还可定义

$$PSL_n(F) = SL_n(F)/C(GL_n(F)) \cap SL_n(F)$$

为 F 上的**射影特殊线性群**(projective special linear group).

线性群的阶数强烈地依赖于域 F. 由 2.5 节的补充材料"数域的扩充"可知, 域 F 有两种运算, 关于第一种运算, 如果存在最小的正整数 m, 使得对于任意的 $a \in F$, 有 $a^m = e$, 则称 m 为域 F 的**特征**(characteristic), 记为 $\mathrm{char}F = m$. 如果这样的 m 不存在, 则规定域 F 的特征为 0.

特别地, 如果 F 为有限域, 则线性群及其子群为有限群. 顾名思义, 有限域就是元素个数为有限数的域. 这个概念最早来源于伽罗瓦, 他证明了 $\mathbb{Z}_p$ 关于剩余类加法与乘法构成有限域. 到 19 世纪末, 经过美国数学家莫尔 (E. H. Moore)的工作, 有限域的结构得到了完全的分类.

可证明, 有限域 F 的特征必为素数 p. 若有限域 F 的元素个数为 q, 则必有 $q = p^n$. 反过来, 对于任意的素数 p 与整数 n, 存在唯一的 $q = p^n$ 阶有限域 $F(q)$, 因此其上线性群及其子群一般记为 $GL_n(q), SL_n(q), PGL_n(q)$ 与 $PSL_n(q)$, 它们的阶数也不难确定.

不仅如此, 若尔当还引入了正交群的概念. 我们称 $\mathbb{R}^n$ 上的所有正交矩阵关于

矩阵乘法构成的群为**正交群**(orthogonal group), 记为

$$O(n) = \{A \in GL_n(R) \mid AA' = A'A = E_n\}.$$

表 4　线性群及其子群的阶数

线性群及其子群	阶数
$GL_n(q)$	$(q^n-1)(q^n-q)\cdots(q^n-q^{n-1})$
$SL_n(q)$	$(q^n-1)(q^n-q)\cdots(q^n-q^{n-1})/q-1$
$PGL_n(q)$	$(q^n-1)(q^n-q)\cdots(q^n-q^{n-1})/q-1$
$PSL_n(q)$	$(q^n-1)(q^n-q)\cdots(q^n-q^{n-1})/(n,q-1)(q-1)$

从对称的角度出发, 正交群 $O(n)$ 是 $\mathbb{R}^n$ 中球面的对称群. 其中行列式等于 1 的正交矩阵组成的群为**特殊正交群**(special orthogonal group), 记为

$$SO(n) = \{A \in O(n) \mid |A| = 1\}.$$

显然 $SO(n)$ 为 $O(n)$ 的子群. 从变换的角度出发, $SO(n)$ 由 $\mathbb{R}^n$ 中保持原点不动的等距组成. 特别地, $SO(3)$ 中的元素为 $\mathbb{R}^3$ 中绕某一条过原点的直线的旋转, 因此也被称为**旋转群**(rotation group), 在经典力学与古典几何中应用十分广泛.

自 19 世纪下半叶以来, 线性群与正交群一直是讨论得比较多的课题, 并与几何学密切相关. 1946 年, 大数学家外尔出版了《典型群》(*Classical Group*) 一书, 将线性群、正交群、辛群与酉群统一称为**典型群**(classical group), 其中辛群是若尔当引入的, 酉群则是由美国数学家迪克森 (L. E. Dickson)引入的.

【若尔当】

1838 年, 若尔当出生于法国的里昂. 17 岁那年, 他以优异成绩考入到巴黎综合理工学院, 这是法国当时最好的大学. 毕业后, 若尔当成为一名工程师, 这个职位有充足的时间, 他将其用于数学研究. 若尔当的早期工作与拓扑学有关, 他与默比乌斯 (A. F. Möbius) 独立得到了闭曲面的完全分类.

随后若尔当的研究领域转到了群论. 1870 年, 他将自己十年来关于置换群的成果及其与伽罗瓦关于代数方程的理论联系在一起, 出版了《置换与代数方程专论》(简称《专论》) 一书. 在著作中, 若尔当给出了伽罗瓦理论一个全面而清晰的介

绍, 成为使伽罗瓦理论显著增色的第一人. 特别地, 在《专论》第二卷中, 若尔当研究了一般线性群、特殊线性群、射影特殊线性群、正交群和辛群, 成为最早研究典型群的数学家.

图 16 若尔当

《专论》出版以后, 若尔当的声名远播, 国外很多学者都希望能听到他的报告. 1870 年, 克莱因与索菲斯 • 李慕名而来, 他们在巴黎受到了若尔当运动群研究的影响, 回去后分别在连续变换群和离散变换群领域做出了很好的工作. 当时的群论研究, 或多或少都受到了《专论》的影响.

除了在群论领域的巨大贡献外, 若尔当还以涉猎的学科广泛而闻名. 我们只需看以他名字命名的概念和定理: 若尔当矩阵、若尔当标准型、若尔当测度、若尔当曲线定理 ······ 就可以对若尔当的工作有个大致了解. 若尔当还有一本传世名著《分析教程》(*Cours d'analyse*), 这是当时最好的分析学教材.

3.6 群 表 示

到 19 世纪末, 随着抽象群概念的成熟, 线性群成为研究有限群的一个具体模式. 对于难以把握的抽象群, 数学家往往通过同态将其实现为线性群. 而线性群的元素为线性变换或矩阵, 它们可以充分运用线性代数的理论和方法. 这样, 通过线性群来研究群结构的分支学科 —— 群表示论诞生了!

群表示论是群论中较为高深的一门理论, 其主要创立者为弗罗贝尼乌斯及其学生. 1905 年, 他的学生舒尔 (I. Schur)对其工作进行了系统简化, 完成了常表示理论 ($p \nmid |G|$). 1935 年, 舒尔的学生布饶尔又开创了模表示论 ($p \mid |G|$). 可以说, 群表示论是沿着弗罗贝尼乌斯 $\longrightarrow$ 舒尔 $\longrightarrow$ 布饶尔的路线发展起来的.

由于群表示论内容的庞大与艰辛, 本节我们只能简单地概述一些常表示论, 比如基域 F 等于复数域 $\mathbb{C}$ 的情形. 值得一提的是, 1929 年, 杰出的女数学家诺特将群表示论和结合代数联系了起来. 她的思路总结起来就是: 集合化 $\longrightarrow$ 一般化 $\longrightarrow$ 研究结构. 这样从结构的观点来看, 常表示论只不过是半单代数结构定理的一个推论.

定义 3.6.1　*设 G 为任一群, 如果存在群同态 $\rho: G \to GL_n(F)$, 则称 (ρ, V), 或在不引起误解的情况下, 称 ρ 为群 G 的一个 F-***线性表示***(linear representation), F 为表示的基域, V 为表示空间.*

由定义可知, 群表示实际上相当于群在向量空间的线性作用. 设 W 为 V 的子空间, 若对于任意的 $g \in G$, 有 $\rho(g)\cdot W \subset W$, 即 W 是 V 的 G-作用不变子空间, 则称 $\rho|_W$ 为 ρ 的**子表示**(subrepresentation). 同理, 商表示的定义也不外如是. 通过直和、反轭、张量积与提升, 可以构造出很多表示.

而为了对这些表示进行分类, 就需要引进等价表示的概念.

定义 3.6.2　*若 ρ_1 与 ρ_2 为群 G 的两个表示, V_1 与 V_2 分别为其表示空间. 如果存在 V_1 到 V_2 的线性映射 f, 使得对于任意的 $g \in G, v \in V$, 有 $f(\rho_1(g)\cdot v) = \rho_2(g)\cdot f(v)$ 成立, 则称表示 p_1 与 p_2 等价.*

在群 G 的诸多表示中, 最重要的是**不可约表示**(irreducible representation). 所谓不可约表示 ρ, 是指表示空间 V 不存在 G-作用的不变子空间. 不可约表示是构成线性表示的"模块"或"原子", 相当于素数在数论中的作用. 如果表示能分解成不可约表示的直和, 则称此表示为**完全可约的**(completely reducible).

完全可约有等价的描述, 可翻译成群作用于空间. (ρ, V) 为群 G 的线性表示, 若对 V 的每个 G-作用不变子空间 W, 都有 G-作用不变补空间 U 存在, 使得 $V = W \oplus U$, 则 ρ 为完全可约表示. 特别地, 对于复埃尔米特空间, 我们总可构造出这样的补空间. 因此

定理 3.6.3 有限群 G 的复表示是完全可约表示.

对于复表示 ρ 来说, 根据定理 3.6.3, 表示空间 V 可分解为

$$V = m_1V_1 \oplus m_2V_2 \oplus \cdots \oplus m_sV_s,$$

其中 V_i 为互不同构的不可约表示, 它们在域 $\mathbb{C}$ 上的维数为 n_i, $m_i > 0$ 为 V_i 在 V 中的重数. 经过舒尔引入的引理 $\mathrm{Hom}(V_i, V_i) \cong \mathbb{C}$, 可证明不可约表示的个数 s 为群 G 的共轭类数, 并且满足如下等式:

$$n_1^2 + n_2^2 + \cdots + n_s^2 = |G|.$$

因此, 如果能决定出群 G 的所有不可约复表示, 其意义将十分重大.

但是, 决定群 G 的所有不可约复表示并不是一件容易的事情. 为了解决这个问题, 德国数学家弗罗贝尼乌斯于 1896 年引入了特征标的理论. 设 ρ 为群 G 的一个线性表示, 如果对于任意的 $g \in G$, 令

$$\chi(g) = \mathrm{tr}\rho(g),$$

其中 $\mathrm{tr}\rho(g)$ 为线性变换 $\rho(g)$ 在 F 上矩阵的迹, 则称 χ 为表示 ρ 的**特征标**(character).

特征标具有非常好的性质. 如果两个表示同构, 则它们的特征标相等 (反过来未必成立). 但是, 当基域 $F = \mathbb{C}$ 时, 特征标能唯一地决定表示. 由于对于任意的 $g_1, g_2 \in G$ 有

$$\chi(g_1^{-1}g_2g_1) = \mathrm{tr}\rho(g_1^{-1}g_2g_1) = \mathrm{tr}(\rho(g_1)^{-1}\rho(g_2)\rho(g_1)) = \mathrm{tr}\rho(g_2) = \chi(g_2),$$

可知特征标 χ 为群 G 的共轭类函数. 设 $C_1 = \{e\}, C_2, \cdots, C_s$ 为有限群 G 的所有共轭类, $\chi_1, \chi_2, \cdots, \chi_s$ 为群 G 的所有不可约特征标, 则表 5 称为群 G 的**特征标表**(character table).

表 5 群 G 的特征标表

	C_1	$\cdots$	C_j	$\cdots$	C_s
χ_1	1	$\cdots$	1	$\cdots$	1
$\vdots$			$\vdots$		
χ_i	χ_{i1}	$\cdots$	χ_{ij}	$\cdots$	χ_{is}
$\vdots$			$\vdots$		
χ_s	χ_{s1}	$\cdots$	χ_{sj}	$\cdots$	χ_{ss}

对于复特征标, 由于 χ 为复函数, V 为 $\mathbb{C}$ 上的埃尔米特空间, 因此可定义特征标的内积

$$(\chi_1, \chi_2) = \frac{1}{|G|}\sum_{g\in G}\chi_1(g)\overline{\chi_2(g)}.$$

弗罗贝尼乌斯证明, 对于群 G 的任意两个不可约表示 ρ_i 与 ρ_j, 它们的特征标 χ_i 与 χ_j 有如下正交关系

$$(\chi_i, \chi_j) = \begin{cases} 1, & \rho_i \cong \rho_j, \\ 0, & \rho_i \ncong \rho_j. \end{cases}$$

因此, 特征标 χ 为不可约特征标当且仅当 $(\chi, \chi) = 1$.

对于群 G 的特征标

$$\varphi = m_1\chi_1 + m_2\chi_2 + \cdots + m_s\chi_s,$$

由特征标的正交关系可知, V_i 的重数 $m_i = (\varphi, \chi_i)$, 特征标 φ 的表示形式为

$$\varphi = \sum_{i=1}^{s}(\varphi, \chi_i)\chi_i.$$

可以证明, 群 G 的所有特征标构成 $\mathbb{C}$ 上的一个向量空间, 我们不妨将其记为 V_χ, 其维数为不可约特征标的个数. 另一方面, 令 $\varphi_i(C_j) = \delta_{ij}$, 则 $\varphi_i(1 \leqslant i \leqslant s)$ 为向量空间 V_χ 的另一组基. 这从另一个方面说明, 不可约表示的数目确实是群 G 的共轭类数.

还可以证明, 不可约表示的维数 n_i 必整除 $|G|$, 这个结果很强, 极大地限制了群 G 的特征标, 降低了我们定出不可约特征标的难度. 从特征标表可以得到群结构的很多信息, 这是表示理论与结构数学的美妙互动. 历史上, 伯恩赛德正是利用特征标理论证明 $p^\alpha q^\beta$ 定理的.

【弗罗贝尼乌斯】

1849 年, 弗罗贝尼乌斯出生于普鲁士柏林的郊区. 18 岁那年, 弗罗贝尼乌斯进入哥廷根大学开始了自己的大学生涯, 但他仅在哥廷根待了一个学期就返回了柏林. 在柏林大学, 他听了克罗内克、库默尔与魏尔斯特拉斯的课, 那时正值柏林大学的全盛时期.

图 17 弗罗贝尼乌斯

1870 年, 弗罗贝尼乌斯在魏尔斯特拉斯的指导下获得博士学位. 后者对他评价极高, 认为他是自己最优秀的几个学生之一, 此后对他格外关爱. 1884 年, 魏尔斯特拉斯力荐他出任柏林大学的编外教授. 然而弗罗贝尼乌斯仅在柏林待了一年就去了苏黎世, 在那里他被任命为理工大学的教授.

1891 年, 克罗内克去世了. 魏尔斯特拉斯强烈建议由弗罗贝尼乌斯来接替这个位置, 这个决定不能说完全正确. 因为弗罗贝尼乌斯的脾气不好, 非常暴躁, 喜欢吵架并经常痛骂人. 在任柏林大学教授期间, 他与同事搞不好关系, 柏林大学的数学也被哥廷根远远地甩到了身后.

但是, 这并不代表弗罗贝尼乌斯的数学水平不高. 相反, 弗罗贝尼乌斯的数学贡献非常大. 他在椭圆函数、微分方程特别是群论做出了极为出色的工作. 例如, 他证明了有限生成交换群的结构定理, 并从抽象群的角度出发, 重新证明了西罗定理.

特别引人注意的是, 弗罗贝尼乌斯于 1896 年引入了特征标理论, 并开创了群表示论这一分支学科. 当时人们对群表示普遍持怀疑态度, 伯恩赛德在第一版《有限群论》中也认为群表示无甚大用处. 但到第二版时, 他完全承认群表示论非常有用. 如果说 19 世纪上半叶群论的代表人物是柯西, 那么下半叶的代表人物毫无疑问应该是弗罗贝尼乌斯.

第4章　总　　结

4.1　群与对称

在我们日常生活中, 对称几乎无处不在. 在所有的对称中, 镜像对称与转动对称是最容易发现的. 比如人类和动物的形体具有镜像对称, 花瓣和雪花具有转动对称. 几乎所有的民族都认识到这两种对称, 然后有意识地把这些对称用于人工制品中, 从建筑、衣饰、图案再到装饰, 都能体现出这一点.

在所有具有对称的对象中, 最简单的可能就是正多边形了, 然后是正多面体. 正多面体的每一个面都是正多边形, 而且所有的面全等. 早在古希腊时代, 人们就开始讨论多面体了. 古希腊学者柏拉图 (Plátó) 甚至认识到正多面体有且仅有 5 个, 分别是: 正四面体、正六面体、正八面体、正十二面体与正二十面体, 这些多面体因此被称为**柏拉图多面体**(Platonic solid).

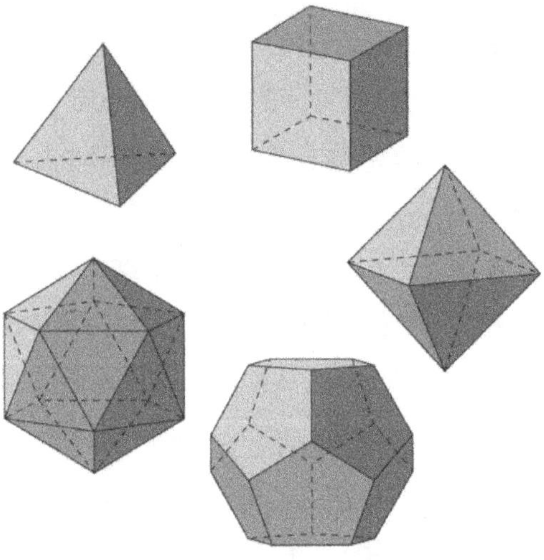

图 18　正多面体

柏拉图在他的著作《蒂迈欧篇》(*Timaeus*) 中, 将正多面体与宇宙的元素联系了起来. 宇宙元素的提法来源于古希腊的恩培多克斯 (Empedocles), 他认为宇宙由火、土、水、气等元素组成, 不同元素根据比例的不同, 组成不同的宇宙物质. 柏拉图将多面体作为宇宙元素的数学基础.

表 6　正多面体与宇宙元素

宇宙元素	火	土	气	水	第五元素
正多面体	正四面体	正六面体	正八面体	正十二面体	正二十面体

虽然宇宙的构成和柏拉图的设想不同, 但是人类寻求用对称表述宇宙的想法一直没有停止. 1595 年, 德国人开普勒 (J. Kepler) 在他的第一部天文学作品《宇宙的秘密》(*Mysterium Cosmographicum*) 中, 利用柏拉图多面体建立了行星环绕太阳运行的圆形轨道模型①, 这个模型可以从很多著作中找到. 可见, 对称性是从古到今科学发展的一条重要线索, 也是解开宇宙秘密的一把关键钥匙.

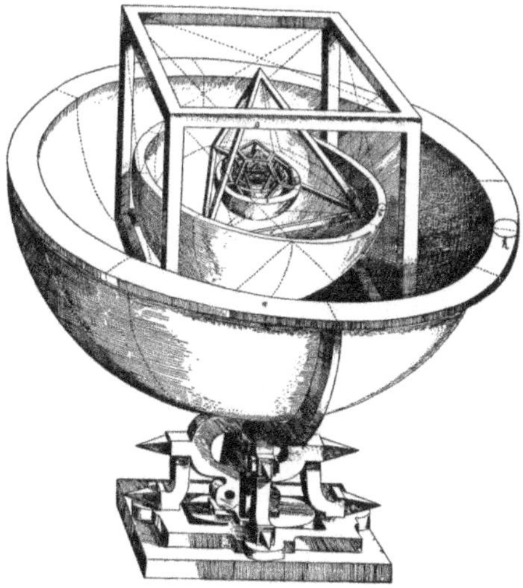

图 19　开普勒的太阳系模型

虽然人类很早就发现了对称, 但是刻画对称性的精确概念, 到近代才出现. 古人对任何具体的对称, 往往有不同的表示方法, 并没有抓住本质. 那什么才是对称的本质? 这就需要对对称性进行分析, 找出刻画对称最好的方法. 所谓对称, 就是某

① 后来开普勒根据观察天文资料, 逐渐认识到行星的运行轨道是椭圆, 他因此总结出著名的"行星运动三定律", 并引出了牛顿万有引力和力学三大定律的发现.

种变化下的不变性. 只要找出保持某种对象不变的变换, 那么对称就刻画出来了.

特别地, 使图像不变形地变到与自身重合的变换称为这个图形的**对称变换** (symmetric transformation), 图形的所有对称变换关于变换的复合构成群, 称为这个图形的对称变换群, 或简称为对称群. 因此, 群论来源于对称, 是描述对称的理想工具. 从对称性到群, 其发展经历了如下一条道路:

> 发现对称性 → 在变换下保持不变 → 保持不变的变换 → 所有保持不变的变换 → 对称变换群.

下面我们以正多边形为例, 来探索一下它的对称. 对于平面上正 n 边形 $(n \geqslant 3)$ 来说, 它有 $2n$ 个对称, 其中反射与旋转各占一半. 容易验证, 这些对称变换关于复合运算构成二面体群. 显然, 等边三角形的二面体群为 D_6, 正方形的二面体群为 D_8.

图形的对称可以用置换表示. 比如对于等边三角形, 3 个旋转可表示为 (1), $(123), (132)$, 3 个反射可表示为 $(12), (13), (23)$, 因此二面体群 $D_6 \cong S_3$. 再比如正方形, 其 4 个旋转可表示为 $(1), (1234), (13)(24), (1432)$, 4 个反射可表示为 $(12)(34), (14)(23), (24), (13)$, 故二面体群 $D_8 < S_4$. 可以证明, 二面体群 D_{2n} 是 n 次对称变换群 S_n 的子群.

如果说正 n 边形的对称还可以数出来的话, 正多面体就不容易了. 但是, 由于正多面体的对称变换构成群 G, 因此群论描述对称的威力就显现出来了. 设正多面体的顶点集合为 $X = \{1, 2, \cdots, n\}$, 对称群 G 对于集合 X 是传递的, 故 $O_1 = X$. 设保持顶点 1 不变的稳定子群为 H, 则由群作用中的轨道公式可知 $|G| = |X||H|$.

比如对于正六面体来说, 其顶点集合为 $X = \{1, 2, 3, 4, 5, 6, 7, 8\}$. 设 H 是保持顶点 1 不变的稳定子群, 则 $H = \{(1), (253)(674), (235)(647)\}$, 故由轨道公式可知, 正六面体对称群的阶数为 $|H||X| = 3 \times 8 = 24$. 通过进一步的讨论, 我们还能计算出正多面体的对称群 (较为复杂, 请读者自己尝试一下).

表 7 正多面体的对称群

正多面体	正四面体	正六面体	正八面体	正十二面体	正二十面体
对称数	12	48	48	60	60
对称群	A_4	S_4	S_4	A_5	A_5

由于对称在其他科学中也广泛存在, 因此都可以用群论去讨论. 特别地, 正多边形与正多面体的对称群可以很自然地作为化学中分子的对称群出现. 例如甲烷 CH_4, 它的分子结构是一个正四面体, 其中 C 原子在四面体的中心, H 原子在四个顶点的位置, 它的对称群显然为 A_4. 类似地, 乙烷 C_2H_6 的分子对称群是 D_6.

由于正多边形与正多面体的对称个数是有限的, 所以它们的对称群都是有限群. 当一个对象的对称非常多乃至无穷时, 它们的对称群是无限群, 其中有相当一部分具有光滑的流形结构, 也就是**李群**(Lie group). 比如, 以原点为中心球面的对称群 $O_3(\mathbb{R})$ 就是李群, 它是 3 维空间 $\mathbb{R}^3$ 的正交群.

特别地, $O_3(\mathbb{R})$ 中行列式为 1 的矩阵组成的群被称为特殊正交群, 记为 $O_3(\mathbb{R})^+$, 它恰好是以原点为中心的球面旋转群 $SO_3(\mathbb{R})$. 可以证明, 循环群、二面体群以及正多面体群是 3 维旋转群 $SO_3(\mathbb{R})$ 的全部有限子群. 对于一般线性群 $GL_n(\mathbb{Z})$ 来说, 它们的有限子群在结晶分类中具有重要应用.

自 19 世纪末开始, 用群论去解决实际问题逐渐成为一种趋势. 化学家用群来分类晶体, 物理学家则用群论讨论量子力学. 晶体的对称群是 3 维空间 $\mathbb{R}^3$ 的一个运动群, 并且其个数是有限的. 19 世纪 90 年代, 费德洛夫 (E. Feodorov) 等人决定出晶体群共有 230 种. 而在狭义相对论中, 力学的形式为

$$x' = \frac{x - vt}{\sqrt{1-(v/c)^2}}, \quad t' = \frac{t-(v/c^2)x}{\sqrt{1-(v/c)^2}},$$

其给出的对称群被称为洛伦兹群.

虽然宇宙并不符合开普勒的正多面体模型, 表面上看似乎破坏了完美的对称性. 但杰出的女数学家埃米 • 诺特指出: 在封闭的体系中, 每一种守恒, 本质上是一种对称. 因此, 从这个层面上来说, 宇宙有仍具有对称性. 科学的发展也证实了这一点, 李群在狭义相对论、电磁理论与规范场论中应用广泛. 这恰印证了外尔的论述:

> "每一个群都会导致一个对称, 每一个对称后面都有一个群作为支撑. 群是对称的内蕴数学基础, 对称是群的外在表现形式."

值得一提的是, 外尔本人对李群理论具有重大贡献. 如果说毕达哥拉斯的数学哲学是"万物皆数", 那么外尔的数学哲学总结起来可以说是"对称即群".

相较于物理学家、化学家、生物学家对群论的赞美与恐惧, 认为群论主宰了人类与宇宙, 数学家对群论的看法则更加纯粹与艺术. 由于外尔将对称的思想上升到了美学和艺术的高度, 认为“通过对称, 人类毕生追求, 创造次序和美丽”. 那么可以说, 群论本身就是一门艺术, 它是极其美丽的.

4.2 群论的历史渊源

群论虽然来源于对称, 并且是描述对称的有力工具. 但是想要从对称直接得出群的概念, 并不是一件简单的事情. 举个例子, 虽然人类很早就认识到晶体的对称性, 但是在长达几千年的时间里, 却并没有得到群的概念. 相反, 在数学家给出群的概念后, 晶体的分类才在 19 世纪末得以完成.

虽然很多对象具有对称性, 但数学对象的对称性最容易描述, 因而成为引出群的关键所在. 历史上, 群的概念起源于函数对称性的研究, 这恰是代数方程求解的基础. 对于 19 世纪的数学家来说, 由于数学的对象是相当明确而具体的, 因此从这些对称得到的群也是具体的. 这种具体主要表现在元素是具体的, 二元运算是具体的.

最先出现的群是以数为基础的循环群, 它们的运算是通常数的加法或乘法. 从现代的观点来看, 费马与欧拉的工作也多少隐含点循环群的概念, 特别是费马小定理. 而高斯的《算术研究》则明确给出了同余、指标与元根的概念, 实际上已经得到了模 n 剩余类加群的概念, 并决定了它的部分结构. 循环群的结构很简单, 只不过把算术变为代数.

二元二次型是数论的另一个重要研究内容. 拉格朗日、欧拉、特别是高斯关于二次型的工作, 也隐含着群的概念. 这些二次型等价类构成的群是第一个元素非平凡的群. 不仅元素不再平凡, 元素间的运算也不再是通常的加减乘除, 而是二次型的合成. 二次型等价类构成的隐群后来发展为一般代数数域的类群, 到 19 世纪末被符号化和公理化.

由于群的本质在于非交换性, 故从数论得出的群并没有这一特征, 它们只不过是换了个表示形式而已. 真正具有非交换性质的群是从代数方程论引出的, 这也是古典代数最主要的研究课题. 拉格朗日系统考虑了方程根的排列问题, 指出根的置换是问题解决的关键. 高斯则进一步解决了二项方程的根式解问题, 在高次方程可解性的研究上首获成功.

在群概念萌发的早期, 拉格朗日与高斯是两个最主要的数学家. 拉格朗日是法国 18 世纪最伟大数学家之一, 被拿破仑赞为“一座高耸在数学界的金字塔”. 德国人高斯则名声更盛, 是举世公认的“数学王子”. 在拉格朗日与高斯两位巨人的肩膀上, 两位年轻人先后进入到代数方程领域, 大放异彩.

挪威青年阿贝尔在意大利人鲁菲尼的基础上, 首次证明了五次一般方程不存在求根公式. 而另一位法国青年伽罗瓦则明确提出了群的术语, 彻底解决了方程根式解的问题. 在几代数学家的共同努力下, 置换群的概念终于呼之欲出! 可惜阿贝尔与伽罗瓦生不逢时, 虽志在千里、壮心不已, 但却先后死于贫穷与愚蠢, 真可谓死不瞑目, 令人唏嘘不已.

如果说拉格朗日、伽罗瓦等数学家孕育了置换群, 那么使置换群茁壮成长的则是柯西. 19 世纪 30~40 年代, 柯西对置换理论进行了系统的研究, 堪称置换群理论的奠基人. 他引入轮换、对换与共轭的概念, 得到了很多深刻的结果, 特别是柯西定理的得到, 激发了后来的西罗定理. 置换群由于二元运算非交换, 第一次触及了群的本质. 在那个时代, 置换群几乎是唯一的群.

19 世纪中叶, 随着四元数、八元数以及矩阵的出现, 二元运算非交换的思想开始逐渐深入人心. 通过对这些问题的研究, 凯莱产生了符号化的念头, 从而开启了群概念的抽象化. 他用算子符号 θ 表示元素, 指出元素可以是置换或其他运算, 它们的复合 (乘法) 满足结合但不交换. 这些元素和符号以表格的形式列出, 这就是现在的凯莱表.

图 20 早期主要研究置换群, 以法国数学家为主

通过列表, 凯莱开启了符号化的历程. 符号化的先进之处在于, 元素不再是数、置换或映射, 而是运算符号, 这些元素符号只要满足结合律即可. 戴德金对此也持

有相同的观点, 他认为群由对象构成, 这些对象具有结合律. 但是, 一旦离开他们熟悉的对象置换, 数学家就裹足不前了, 他们甚至连整数加群 $\mathbb{Z}$、有理数乘群 $\mathbb{Q}$ 的概念都没得到.

19 世纪 70 年代, 克罗内克首次给出了有限交换群的抽象定义, 其结构也被弗罗贝尼乌斯完全弄清. 这一时期, 西罗证明了西罗定理, 凯莱证明了有限群同构于置换群, 同构的群开始被视为相同. 群的例子也大幅扩充, 若尔当给出了线性群的例子, 克莱因和李则得到了变换群与李群的概念. 群在代数、几何与分析中应用广泛, 并逐渐成为统一数学的工具. 这一时期, 群概念的抽象化向前进了一大步.

图 21 后期主要研究抽象群, 以德国数学家为主

凯莱的结果可以推广到无限群, 即无限群同构于变换群. 19 世纪 80 年代, 代克通过生成元与生成关系定义群, 使得群论的三个主要来源 —— 数论、代数方程论与几何得出的群, 都能纳入到他的抽象概念之中. 韦伯 (H. Weber)则给出了第一个抽象群的定义. 90 年代, 赫尔德又明显地引入了商群的概念, 得到了若尔当-赫尔德定理.

这样, 到 19 世纪末 20 世纪初, 数学家得到了抽象群的定义. 群是抽象元素组成的集合, 这些元素可以是置换、变换, 也可以是等价类, 只要它们满足 4 条公理,它们就构成一个群. 而与此同时, 数学家也开始采用线性群表示抽象群, 从而了解抽象群的结构, 这就是群表示论的肇始.

数学家得到抽象群概念后, 开始系统研究它的理论. 20 世纪 20 年代, 群论开始分为几个不同的方向: 有限群、李群、拓扑群、代数群、几何群等. 虽然研究方向众多, 方法也五花八门, 但从结构上无外乎是以下几类问题: 子结构、商结构、原始结构、扩张结构、复合结构、同态与同构、自同构群等. 经过数学家近两百年的努力, 群论的发展经历了以下几个过程:

$$\text{具体化} \longrightarrow \text{符号化} \longrightarrow \text{抽象化} \longrightarrow \text{结构化}.$$

这也是大部分抽象理论的演化历程.

在群论的发展过程中, 我们需要铭记以下名字: 拉格朗日、鲁菲尼、高斯、阿贝尔、伽罗瓦、柯西、若尔当、西罗、弗罗贝尼乌斯、代克、赫尔德、诺特、阿廷、范德瓦尔登……这些人的职业五花八门, 但他们对数学的追求却是一样的, 有的人还献出了宝贵的生命. 群论绝不是冷冰冰的抽象理论, 它是几代数学家用热血铸成的.

4.3 群论的理论框架

历经数学家两百多年来的开拓与研究, 群论已经成为一座完美的大厦. 对于内容庞大艰深的抽象群论, 该如何理解和掌握它们呢? 按照人类对事物的认识和理解, 从特殊到一般几乎是一条必由之路. 因此, 通过对群的公理增加一些附加条件, 可以就特殊情形首先得到一些结论.

4.3.1 交换群

在附加条件中, 最简单的是元素乘法的可交换性, 使群成为交换群. 特别地, 循环群必为交换群. 由于循环群的理论可以从初等数论导出, 并且可以纳入到交换群的结构当中, 因此我们首先从交换群开始总结. 由于交换群的运算可交换, 就像数论中的加法一样, 因此也被称为加群. 同理, 交换群的直积也常被称为直和, 用符号 $\oplus$ 表示.

交换群中最简单的是自由交换群. 由自由群的结构定理可知, 两个自由交换群同构当且仅当它们的秩相等, 任意交换群必为自由交换群的商群. 特别地, 给出交换群的呈示 $G=\langle X \mid R\rangle$, 当 X 为有限集合时, 即群 G 为有限交换群或有限生成交换群时, 它们的结构是完全清楚的.

从模论的观点出发, 我们可得到有限交换群的基存在并有限, 故能表示为循环群的直和. 但对于崇尚构造的数学家来说, 给出具体的循环群才是最重要的. 设有限交换群为 G, 其中 $|G|=p_1^{\alpha_1}p_2^{\alpha_2}\cdots p_s^{\alpha_s}$, 类似于高斯证明 $\mathbb{Z}_{mn}\cong\mathbb{Z}_m\oplus\mathbb{Z}_n$ 的思想, 可证明

$$G=Sy(p_1)\oplus Sy(p_2)\oplus\cdots\oplus Sy(p_s),$$

其中 $Sy(p_i)$ 为 G 的西罗 p_i-子群 $(1\leqslant i\leqslant s)$.

这样, 有限交换群的结构定理就归结为西罗 p-子群的分解问题. 19 世纪 70 年代, 克罗内克与高斯的学生西林 (E. Schering) 各自证明了基定理. 基定理是说, p^n 阶交换群 A 可唯一地分解为

$$A=\mathbb{Z}_{p^{n_1}}\oplus\mathbb{Z}_{p^{n_2}}\oplus\cdots\oplus\mathbb{Z}_{p^{n_t}},$$

其中 $p^n=p^{n_1}p^{n_2}\cdots p^{n_t}$, $n_1\leqslant n_2\leqslant\cdots\leqslant n_t$. 将分解定理与基定理合在一起, 就可以得出有限交换群 G 的分解定理

$$G=\mathbb{Z}_{p_1^{n_{11}}}\oplus\cdots\oplus\mathbb{Z}_{p_1^{n_{1t}}}\oplus\mathbb{Z}_{p_2^{n_{21}}}\oplus\cdots\oplus\mathbb{Z}_{p_2^{n_{2t}}}\oplus\cdots\oplus\mathbb{Z}_{p_s^{n_{s1}}},\oplus\cdots\oplus\mathbb{Z}_{p_s^{n_{st}}},$$

其中 $\{p_1^{n_{11}},\cdots,p_1^{n_{1t}},p_2^{n_{21}},\cdots,p_2^{n_{2t}},\cdots,p_s^{n_{s1}},\cdots,p_s^{n_{st}}\}$ 被称为群 G 的**初等因子** (elementary divisions).

1878 年, 德国数学家弗罗贝尼乌斯与斯蒂尔伯格 (L. Stickelberger) 证明了如下结果: 有限交换群 G 由它的初等因子唯一决定. 在群 G 的分解中, 令

$$\begin{cases} m_1=p_1^{n_{11}}p_2^{n_{21}}\cdots p_s^{n_{s1}},\\ m_2=p_1^{n_{12}}p_2^{n_{22}}\cdots p_s^{n_{s2}},\\ \qquad\cdots\cdots\cdots\\ m_t=p_1^{n_{1t}}p_2^{n_{2t}}\cdots p_s^{n_{st}},\end{cases}$$

则由其构成所知, $m_1|m_2, m_2|m_3,\cdots,m_{t-1}|m_t$. 我们称 $\{m_1,m_2,\cdots,m_t\}$ 为群 G 的**不变因子**(invarient factors), 由于初等因子和不变因子互相决定, 则有限交换群 G 与 H 同构, 当且仅当它们的初等因子或不变因子相等.

比如对于 200 阶有限交换群, 由于 $200 = 2^3 \times 5^2$, 故其初等因子为 $\{2,2,2,5,5\}$, $\{2,2^2,5,5\}$, $\{2^3,5,5\}$, $\{2,2,2,5^2\}$, $\{2,2^2,5^2\}$, $\{2^3,5^2\}$. 这样, 200 阶不同构的交换群共有 6 个, 分别为 $\mathbb{Z}_2^3 \oplus \mathbb{Z}_5^2$, $\mathbb{Z}_2 \oplus \mathbb{Z}_4 \oplus \mathbb{Z}_5^2$, $\mathbb{Z}_8 \oplus \mathbb{Z}_5^2$, $\mathbb{Z}_2^3 \oplus \mathbb{Z}_{25}$, $\mathbb{Z}_2 \oplus \mathbb{Z}_4 \oplus \mathbb{Z}_{25}$ 与 $\mathbb{Z}_8 \oplus \mathbb{Z}_{25}$. 对于小阶数交换群的结构, 可参见附录 I .

在交换群 G 中, 一个重要的概念是**挠元**(torsion element)与**挠群**(torsion group). 所谓挠元 x, 就是存在整数 n, 使得 $nx = 0$. 可以验证, 所有的挠元构成群 G 的一个子群, 称为群 G 的挠子群, 记为 G_t. 不仅如此, 挠子群 G_t 还是 G 的正规子群. 由于商群 G/G_t 无挠, 故每个交换群都是一个挠群通过一个无挠群的扩张.

有限生成交换群 G 总可以分解为有限交换群和自由交换群的直和

$$G = G_t \oplus F,$$

其中 G_t 为有限交换群, F 为自由交换群. 进一步, 自由交换群 F 可分解为无限循环群的直和. 但是无论 F 如何分解, 直和因子的个数 s 是唯一确定的

$$F = \underbrace{\mathbb{Z} \oplus \mathbb{Z} \oplus \cdots \oplus \mathbb{Z}}_{\text{共 } s \text{ 项}}.$$

这样, 结合有限交换群基本定理, 有限生成交换群 G 或为自由交换群, 或者从不变因子来看有如下唯一形式的分解

$$G = \mathbb{Z}_{m_1} \oplus \mathbb{Z}_{m_2} \oplus \cdots \oplus \mathbb{Z}_{m_t} \oplus \underbrace{\mathbb{Z} \oplus \mathbb{Z} \oplus \cdots \oplus \mathbb{Z}}_{\text{共 } s \text{ 项}}.$$

这个结果是弗罗贝尼乌斯与斯蒂尔伯格在 1879 年得到的.

有限交换群来源于数论, 是“广义数论”的第一步. 由于其子群与商群仍为交换群, 故性质十分优良. 更为重要的是, 它是第一个得到完全分类的代数结构. 交换群在数学中几乎无处不在, 特别是在代数拓扑学中, 我们可以明显地注意到同调群是交换群, 其分解定理反映了拓扑空间的几何信息.

4.3.2 置换群

置换群是一类非常重要的群. 由凯莱定理可知, 每个有限群均同构于置换群. 从这个意义上来讲, 置换群就是所有的有限群. 其次, 置换群是历史上最早研究的群, 它们的很多概念和结果可以推广到一般的群上. 最后, 置换群有自己特有的性质, 需要单独加以研究, 比如多重传递性.

研究置换群, 首先要将置换表示出来. 由于置换 σ 是有限集合 $X=\{x_1,x_2,\cdots,x_n\}$ 的一一映射, 故其可表示为

$$\sigma=\begin{pmatrix}1 & 2 & 3 & \cdots & n\\ i_1 & i_2 & i_3 & \cdots & i_n\end{pmatrix}.$$

这种表示方法虽然清楚, 但写起来却比较麻烦. 类似于循环群, 我们用轮换 $(i_1i_2\cdots i_m)$ 表示 i_j 到 i_{j+1} 的置换, 任一置换均可表示为不相交轮换的乘积.

由于轮换可表示为对换的乘积, 故任一置换也可表示为对换的乘积. 特别地, 置换表示为对换乘积的奇偶性是不变的. 在 n 次对称群 S_n 中, 所有的偶置换构成 $\frac{n!}{2}$ 阶群, 这就是 n 次交错群 A_n. 交错群与代数方程的可解性有密切联系, 特别是当 $n\geqslant 5$ 时, A_n 是单群而不可解.

置换群相当于置换集在有限集合 X 上的作用, 故可充分利用群作用的概念与结果. 在群作用中, 最重要的是轨道 O_x、稳定化子 G_x 和不动点集 F_g 的概念, 其中轨道 O_x 与不动点集 F_g 是集合 X 的子集, 而稳定化子 G_x 则是群 G 的子群. 特别地, 轨道公式 $|G|=|O_x||G_x|$ 和伯恩赛德引理 $[X/G]=\frac{1}{|G|}\sum_{g\in G}|F_g|$ 沟通了这几个概念的联系.

设 G 为 $X=\{x_1,x_2,\cdots,x_n\}$ 上的置换群, 如果对于任意的 x_i 与 x_j, 存在 g 使得 $x_j=gx_i$, 则 G 为**传递群**(transitive group). 通过群作用, 可将置换群分为可传递群与不可传递群. 可传递群的概念可以推广, 如果对于任意的 $x_{i_1},x_{i_2},\cdots,x_{i_k}$, 都存在 $g\in G$ 使得 $x_{i_j}=gx_j(1\leqslant j\leqslant k)$, 则称 G 为 ***k* 重传递群**(k-transitive group). 显然, k 重传递群必为 $k-1$ 重传递群.

多重传递群自鲁菲尼时就开始研究, 伽罗瓦还曾给出 3 重传递群. 自 19 世纪中叶开始, 分类所有的 k 重传递群成为置换群的中心任务. 特别地, S_n 是唯一的 n 重传递群, A_n 是唯一的 $n-2$ 重传递群, 它们都是平凡的传递群. 双传递群与 3 重传递群很多, 但是 4 重传递群与 5 重传递群就很少了.

1861 年和 1873 年, 法国数学家马蒂厄 (E. Mathieu)发现了 5 个传递群, 分别记作 M_{11}, M_{12}, M_{22}, M_{23} 与 M_{24}. 其中 M_{11}, M_{12}, M_{23} 与 M_{24} 是仅有的非平凡 4 重传递群, M_{12} 与 M_{24} 则是仅有的两个非平凡的 5 重传递群. 这些群如今被统称为**马蒂厄群**(Mathieu group), 是除 S_n 与 A_n 之外重数最高的传递群.

当马蒂厄发现这些群时, 他显然没有意识到它们是单群. 他的名声在当时并不显赫, 甚至可以说是略有平淡. 19 世纪末, 数学家逐渐证明马蒂厄群的单性, 并在 20 世纪 60 年代引出了新的类似于马蒂厄群的单群. 这样, 马蒂厄以最早发现散在单群而永载史册!

4.3.3 有限群

从群的定义来看, 群不必为有限群, 比如最简单的整数加群 $\mathbb{Z}$ 就是无限群. 但是, 19 世纪的数学家主要研究的是有限群. 历史上, 有限群是从置换群开始, 通过线性群推广得到的. 线性群的阶数强烈地依赖于域 F, 如果 F 为有限域, 则线性群及其子群为有限群.

阶数是有限群的第一个不变量, 如果两个群 G 与 G' 同构, 必有 $|G|=|G'|$. 但是反过来, 如果 $|G|=|G'|$, 则 G 与 G' 未必同构, 比如模 4 剩余类加群 $\mathbb{Z}_4$ 与克莱因四元群 K_4 就不同构. 这样就产生了一个基本的问题: 给定正整数 n, 有多少不同构的 n 阶群? 对于这个问题, 需要熟练掌握的是小阶群的结构 (见附录 I). 这样, 在证明各种抽象的定理时, 我们心中至少有一批例子去试验.

有限群 G 有很多基本的结构, 比如子集合如果仍然具有群结构, 则为 G 的子群. 在所有子群中, 正规子群是一类比较特殊的子群, 它的左右陪集相等, 而且是自共轭子群. 除了正规子群外, 群 G 还有一些其他重要的子群, 比如换位子群、特征子群与极大子群等.

从正规子群出发, 还可以引出单群、正规化子和商群的概念, 这些概念之间具有深刻的关系, 属于有限群的结构理论. 在这部分理论中, 构造同态映射是经常使用的方法. 同态的结构具有相似的性质, 同构的结构则完全相同. 设 f 为群 G 到 G' 的同态映射, 则由群同态基本定理

$$\mathrm{Im}f \cong G/\mathrm{Ker}f$$

可知, 商结构与同态结构是等价的, 这是有限群论中最重要的结果之一.

有限群的另一大理论是算术理论. 由于群 G 的阶数有限, 故诸结构之间具有算术性质. 有限群的算术性质主要是拉格朗日定理、柯西定理与西罗定理. 拉格朗日定理是说, 如果 H 是 G 的子群, 则 H 的阶必整除群 G 的阶. 这表明, 子群的数目比起子集要少得多, 而且与 $|G|$ 的素因子数目相关.

虽然子群的阶是 $|G|$ 的因子, 但并非对 $|G|$ 的所有因子 m, 都存在 m 阶子群. 对此, 我们可以举出例子, 比如 5 次交错群 A_5 就没有 15, 20 与 30 阶子群. 另外, 即使存在 m 阶子群, 其个数也不一定唯一. 柯西定理与西罗定理则表明, 在素数幂的情形下, 拉格朗日逆定理是成立的.

特别地, 若尔当-赫尔德定理既属于算术理论, 也可以纳入到结构理论当中. 设有限群 G 的阶数为 n, 如果存在

$$G = G_0 \lhd G_1 \lhd G_2 \lhd \cdots \ G_m = \{e\},$$

其中 G_i/G_{i+1} 为单群, 则所有的 G_i/G_{i+1} 由 G 唯一决定. 翻译成算术的语言是说, 对于整数 n, 存在一个整数序列

$$n = n_0 > n_1 > \cdots > n_m = 1,$$

使得 n_i/n_{i+1} 为素数, 则这些素数的集合由 n 唯一决定. 这样, 有限单群处于十分基础的地位. 如果能找出所有的有限单群, 则群论中的很多问题就迎刃而解了.

4.3.4　其他内容

除此之外, 群论还包括拓扑群、李群、代数群等内容, 这些内容虽然也属于群论, 但已经高度独立, 自成一个体系. 读者若对这方面的内容感兴趣, 则需要去参看这方面的专门著作.

4.4　有限单群分类定理

长久以来, 数学带有强烈的个人英雄主义色彩, 绝大多数的理论和成果都来源于数学家个人的工作. 伴随着现代社会越来越注重团队合作, 数学也开始呈现这种趋势, 有限单群分类定理的证明就是一个典型的例子. 这项成果集中了美国、英国、法国、德国、澳大利亚、加拿大、日本、韩国以及中国等一百多位数学家的共同努力, 历经百余年才得以最终得到.

由若尔当-赫尔德定理出发, 有限群论的研究可以分为两大块: 一是找出所有的有限单群, 决定它们的结构; 二是这些单群如何合成原群. 关于合成问题, 德国数学家施莱尔 1926 年提出了群的扩张理论, 给出了构造群 G 的方法. 这样, 有限群论最核心的问题变成了有限单群的分类.

实际上，有限单群的分类开始的时间很早. 有意识地寻找单群要追溯到赫尔德，而要从第一个非交换单群 A_5 的发现算起，则可以追溯到伽罗瓦. 如果将素数阶循环群也算进去的话，那就更早了. 到 19 世纪 70 年代，数学家们已知

(1) 素数阶循环群 $\mathbb{Z}_p$;

(2) n 次交错群 $A_n(n \geqslant 5)$

为有限单群. 除此之外，有限单群还包括

(3) 16 个李型单群;

(4) 26 个散在单群.

李型单群的发现是从若尔当开始. 1870 年，法国数学家若尔当引入了一般线性群、特殊线性群、正交群、辛群的概念. 19 世纪末 20 世纪初，迪克森又引入了酉群的概念，这些群及其子群后来被大数学家外尔统称为典型群. 典型群中有很多单群，比如射影线性群 $PGL_2(7)$ 就是一个单群，它的阶数为 168.

通过列举可以找出小阶数的单群，但随着阶数的增加，计算量开始变得很大，因此必须寻找一般的方法. 19 世纪末 20 世纪初，莫尔的学生迪克森采用统一的方法讨论典型群，证明了很多典型群为单群，并确定了所有阶数小于 1000000000 的单群表，这个结果保持了 50 年才被打破.

1955 年，法国数学家谢瓦莱 (C. Chevalley) 通过类比李代数，找到了系统生成典型群的方法. 他一共构造了 9 个李型单群序列，这些序列被统称为**谢瓦莱群**(Chevalley group)，其中 $A_n(q)$, $B_n(q)$, $C_n(q)$, $D_n(q)$ 分别对应于典型群 (参见附录Ⅱ).

表 8　谢瓦莱群

记号	记号	记号
$A_n(q),\ n \geqslant 1$	$D_n(q),\ n \geqslant 4$	$E_6(q)$
$B_n(q),\ n \geqslant 3$	$G_2(q)$	$E_7(q)$
$C_n(q),\ n \geqslant 2$	$F_4(q)$	$E_8(q)$

经过铃木通夫、李林学 (Ree Rim Hak) 等数学家的补充，又得到了 7 个**扭型群**(twisted group)序列，这样李型单群共有 16 个系列. 再加上素数阶循环群与 n 次交错群，有限单群共有 18 个无穷系列. 当阶数足够大时，可证明几乎所有的有限单群都为李型单群与扭型单群.

表 9　扭型单群

记号	记号	记号
${}^2A_n(q)$, $n \geqslant 2$	${}^2E_6(q)$	${}^2G_2(3^{2m+1})$, $m \geqslant 1$
${}^2D_n(q)$, $n \geqslant 4$	${}^2B_2(2^{2m+1})$, $m \geqslant 1$	
${}^3D_4(q)$	${}^2F_4(2^{2m+1})$, $m \geqslant 0$	

到 19 世纪末, 数学家已知马蒂厄群的单性. 但是它们不能纳入到上面 18 个无穷序列中, 因而被称为**散在单群**(sporadic group). 从 1965 年开始, 数学家们陆续发现了 21 个散在单群. 这样, 一共有 26 个散在单群. 这些单群为马蒂厄群 M_{11}, M_{12}, M_{22}, M_{23}, M_{24}; 杨科群 J_1, J_2, J_3, J_4; 康威群 Co_1, Co_2, Co_3; 费舍尔群 Fi_{22}, Fi_{23}, Fi_{24}, 希格曼-西姆斯群 $H\text{-}S$, 麦克洛夫群 McL, 铃木通夫群 Suz, 亥尔德群 He, 李昂斯群 Ly, 路德瓦利斯群 Ru, 奥南群 $O'N$, 汤普森群 Th, 原田群 HN, 小魔群 F_2, 大魔群 F_1.

这是否就是全部的有限单群呢? 是否还有新的单群? 为了解决这个问题, 1972 年, 美国数学家高林斯坦 (D. Gorenstein) 给出了一个分类有限单群的 16 步走的纲领, 被一些专家讥讽为科学幻想. 但是仅用了 9 年, 在阿什巴赫尔 (M. Aschbacher) 等数学家的努力下, 有限单群分类基本就完成了.

这个定理的证明涉及几百篇文章, 有 10000 到 15000 页, 谁能保证这个证明不会出现错误呢? 果不其然, 1989 年, 阿什巴赫尔发现了关于拟薄群的文章是不完善的. 他曾评论道

> "一方面, 当证明长度增加时, 错误的概率也增加了. 在分类定理证明中出现错误的概率实际上是 1."

这么长的证明固然不能避免错误, 但这些错误并非不能改正. 2004 年, 阿什巴赫尔将不完善的拟薄群文章改正发表, 这标志着有限单群分类的彻底完成. 我们以他的经典名言作为结语:

> "另一方面, 任何单个错误不能被容易地改正的概率是 0, 由于该证明是有限的, 所以定理是错误的概率接近于 0. 随着时间的推移, 对它的信任度必定会增加."

4.5　群论在中国的发展

4.5.1　从零开始、艰难起步

中国古代数学在代数学方面有着辉煌的成就, 但是自近代起落后了. 群论这一近世代数学的重要分支, 几乎完全是从西方学来的. 早年出国学习数学获学士或硕士的留学生, 已开始接触到近世代数学, 如秦汾、肖君绛等. 20 世纪 30 年代, 北京大学、清华大学、武汉大学等大学已经开设了方程论的课程, 有的甚至单独开设了群论.

那时用的教材多是美国数学家迪克森的《近世代数理论》(*Modern Algebra Theory*). 这本著作从具体的不变量讲到线性群, 其抽象意味颇不浓. 换言之, 这仍然是一部 19 世纪写作风格的著作. 再加上任课教师一般都不是专门学习群论的, 所以很难谈得上有研究. 其后虽有不少留学生从海外获得博士学位, 然鲜有以群论为研究方向者.

中国群论的发展, 应该说始自华罗庚. 早在 1929 年, 华罗庚就发表文章反驳苏家驹的五次方程式的解法. 到清华后, 他又听了杨武之的群论选修课, 从而接触到群论. 1936 年, 华罗庚赴英伦跟随哈代 (G. H. Hardy)学习数论. 在剑桥的两年里, 除了在数论领域做出重要成果外, 华罗庚还注意到抽象代数这一领域, 并认真听取了霍尔 (P. Hall)的群论课程.

图 22　华罗庚

1938 年回国后, 华罗庚在昆明西南联合大学开设了近世代数学, 教材改编自范德瓦尔登的《近世代数学》. 其后, 蒋硕民、程毓淮、申又枨、刘晋年、许宝騄等先后讲授过这门课程. 不仅如此, 华罗庚还组织了一个有限群的讨论班, 参加者有段学复、樊畿、徐修贤与孙本旺等人, 其中段学复是华罗庚的助教. 与此同时, 西南联大的其他群论讨论班也开始组织起来, 如程毓淮组织了一般群论讨论班, 江泽涵组织了连续群讨论班. 这标志着我国群论研究工作的开始.

4.5.2　奋起直追、初出成果

华罗庚主持的有限群讨论班主要研究 p 群, 所谓 p 群是指阶数为 p^n 的群. 1939 年, 华罗庚与段学复合作完成了两篇文章, 讨论了有限 p 群中特定性质子群的计数问题. 特别地, 他们引入秩的概念, 所谓 p 群的秩 δ, 是指元素的最高阶数 $\exp(G) = p^{n-\delta}$. 以此为工具, 他们证明了以下定理.

定理 4.5.1　*对于任意的秩为 2 的 p 群 G $(p \geqslant 3, n \geqslant 5)$, 它的秩为 0 的 p^m $(2 < m < n-1)$ 阶子群的个数 $s_m(G) \equiv 0 \pmod{p^2}$, 秩为 1 的 p^m $(3 < m < n)$ 阶子群的个数 $s_m(G) \equiv 0 \pmod{p}$.*

华罗庚与段学复后来于 1947 年与 1948 年又单独发文章讨论此问题, 得到了如下结果.

定理 4.5.2　*对于任意的秩为 δ 的有限 p 群 G $(p > 2)$, $|G| = p^n$, 它的 p^m $(2\delta + 1 < m < n)$ 阶子群的个数 $s_m(G) \equiv 1, 1+p, 1+p+p^2$ 或 $1+p+2p^2 \pmod{p^3}$.*

华罗庚与段学复当年还曾给出如下猜测.

猜想 4.5.3　*对于任意的有限 p 群 G $(p > 2)$, $|G| = p^n$, 它的 p^m 阶群的个数 $s_m(G) \equiv 1, 1+p, 1+p+p^2$ 或 $1+p+2p^2 \pmod{p^3}$.*

这个猜测后来被徐明耀称为华-段猜想, 如今已被证明不成立. 但是, 由于某些 p 群总是满足这个猜想的, 这个猜想仍极有意义.

这一时期的西南联大开始聚集了较强的群论力量, 群论教学蓬勃地开展起来, 研究上也开始做出自己的成果. 但是总体来说, 群论的研究还是很落后的. 从研究人数来看, 只有华罗庚与段学复等几个人, 人数偏少. 从研究内容来看, 主要集中于 p 群, 远离当时的主流群表示论. 从研究创新上来看, 主要是推广了国外数学家的工作, 原创性不足.

4.5.3 师从大师、到达前沿

华罗庚组织的有限群讨论班特别是与段学复的合作, 使得段学复走上了群论的研究道路. 1939 年, 段学复通过了英庚款留学考试, 被派往加拿大多伦多大学学习. 由于第二次世界大战的进行, 段学复几经周折才到达目的地, 耗时竟达一年.

图 23 段学复

段学复在多伦多的导师是布饶尔. 在布饶尔的指导下, 段学复开始学习有限群表示论. 有限群表示论由德国数学家弗罗贝尼乌斯创立的, 分为常表示论与模表示论, 其中常表示论已经由他的学生舒尔完成, 模表示论成为热点. 而布饶尔又是舒尔的学生, 因此段学复是有限群表示论弗罗贝尼乌斯 ⟶ 舒尔 ⟶ 布饶尔学派的直接传人.

1942 年, 段学复与布饶尔合作发表了《关于有限群的一些注记》(*Some remarks on simple groups of finite order*), 证明阶为阶为 $3p^aq^b$ 形式的群若为单群, 则必为 A_5 或 $PSL(2,7)$. 此外, 他们还证明了迪克森的《线性群》(*Linear Groups*) 中的 10000 阶以内的单群表是完全的.

1943 年, 段学复完成博士论文, 获得了普林斯顿大学博士学位. 博士论文确定了 pg' 阶线性群 G 的构造, 其中 $(p,g')=1$, G 的表示的维数 $<\dfrac{2p+1}{3}$. 1945 年, 段学复发表《有限阶单群》(*On simple group of finite order*), 确定了阶为 pq^bg^* 的单

群的结构, 其中 $(p,q)=1$ 且 $g^*<p-1$. 作为应用, 段学复证明了 $prq^b(p,r,q$ 两两互素) 阶群为单群, 则同 $3p^aq^b$ 形式的群一样.

博士毕业后, 段学复在普林斯顿做了两年的博士后. 他曾到阿廷处访问 4 个月, 担任过外尔的助手, 协助他开设群论课程并修订《典型群》(*Classical Group*). 段学复还从谢瓦莱那里学到了李代数的知识, 他与谢瓦莱的交情匪浅, 以致后来亲自为《中国大百科全书 · 数学》撰写了谢瓦莱的词条. 他撰写的另一个数学家词条则是他的导师布饶尔.

1946 年 10 月, 段学复回到清华大学任教. 他积极普及近世代数学, 1947 年在上海《大公报》两次刊文介绍近世代数学, 其中主体为群论.《大公报》是当时最具影响力的报纸. 在清华大学, 段学复指导了本科生万哲先的毕业论文. 时陈省身到清华讲学, 吴文俊与曹锡华随行. 吴文俊主要跟随陈省身研究代数拓扑, 曹锡华则开始在段学复的指导下学习抽象代数与模表示论. 1948 年, 陈省身与他将曹锡华推荐值至布饶尔处读博士. 由于曹锡华在国内读过布饶尔的论文, 所以轻车熟路地展开研究, 于 1950 年完成博士论文.

1946 年 7 月, 在段学复回国前夕, 华罗庚受到资助赴美访学. 到达普林斯顿后, 由于受到外尔的影响, 华罗庚的研究兴趣逐渐从数论转移到体论与典型群, 他先后发表文章确定了实数域与特征不等于 2 的任意域上辛群的自同构. 在这个过程中, 他发展出了处理低维典型群的矩阵方法, 解决了法国数学家迪厄多内 (J. Dieudonné)留下的困难的低维情形.

特别值得一提的是, 1943 年武汉大学的肖君绛教授首次翻译了范德瓦尔登的《近世代数学》, 对代数学尤其是群论的传播与普及起到了巨大的推动作用. 熊全淹、张远达、戴执中都受到了这本译著的影响. 1963 年与 1976 年, 丁石孙、曹锡华、曾肯成与郝炳新等根据当时的新版先后重新翻译了《代数学》上下两册, 由科学出版社出版, 段学复做序、万哲先校对. 2008 年, 科学出版社又根据最新版由陈志杰与赵春来做了重新翻译、校对与修订.

这一阶段, 华罗庚与段学复的研究上了一个台阶. 公正地说, 他们的工作已经可以纳入到国际的主流. 华罗庚发展出决定低维典型群自同构的矩阵方法, 与布尔巴基学派的工作交相辉映, 相得益彰. 段学复的博士论文给出的模表示论的引理, 被霍尔称为布饶尔-段-斯坦顿原理、布饶尔-段指标块分离原理与布饶尔-段定理. 这些工作被写入菲特的名著《有限群的表示论》(*Representation Theory of Finite Groups*)之中, 影响深远.

4.5.4 时起时落、重回正轨

1. 典型群研究

梁园虽好, 非久居之乡, 归去来兮! 新中国成立后, 百废待兴. 华罗庚毅然于1950年归国, 投身到新中国的数学教学与研究当中. 他在清华开设了广义矩阵论课程, 系统讲解了矩阵群, 讨论了它们的结构、自同构与表示等. 听课的学生有丁石孙、曾肯成、萧树铁与殷涌泉等人, 万哲先为助教. 1950年下半年, 华罗庚到中国科学院数学所工作, 继续从事典型群的研究.

华罗庚在中科院数学所先后组织了两次典型群讨论班, 参加过讨论班的人有万哲先、丁夏畦、任宏硕、许以超、潘一民、应玫茜以及北京师范大学的严士健等人. 在开展讨论班的过程中, 华罗庚及其学生们逐渐解决了如下问题.

表 10 华罗庚组织的典型群课程与讨论班

时间/年	地点	名称	性质	培养层次
1950~1951	清华大学	广义矩阵	选修课	高年级本科生
1951~1952	中国科学院数学所	典型群	讨论班	研究生
1956~1957	中国科学院数学所	典型群	讨论班	研究生

(1) **体上典型群的自同构**

当 $\mathrm{char}K \neq 2$ 时, 确定了 $GL(2,K), PGL(2,K), SL(4,K), PSL(4,K)$ 的自同构;

当 $\mathrm{char}K = 2$ 时, 确定了 $SL(2,K), PSL(2,K)$ 的自同构;

当 $\mathrm{char}K \neq 0$ 时, 确定了 $SL(2,K)$ 与 $PSL(2,K)$ 的自同构.

(2) **域上典型群的自同构**

当 $\mathrm{char}K \neq 2$ 时, 确定了 $O^+(4,K,M)$ 与 $PSO^+(4,K,M)$ 的自同构, 其中 M 为 4 阶非退化的对称矩阵.

(3) **环上典型群的自同构**

当 $K = \mathbb{Z}$ 时, 确定了 $GL(n,\mathbb{Z})$ 与 $PGL(n,\mathbb{Z})$ 的自同构 (与 I. Reiner 合作).

典型群讨论班得到的结果, 系统总结在华罗庚与万哲先合著的《典型群》中. 万哲先是华罗庚在典型群方面重点培养的学生, 他参加了全部的课程与讨论班. 然而好景不长, 1957 年政治运动的频繁展开, 使得讨论班中断. 华罗庚转向了应用数学, 万哲先则继续研究典型群. 万哲先与他的学生冯绪宁、戴宗铎、阳本傅考虑有限域上典型群的几何问题, 计算出子空间的轨道长度, 其中子空间的等价关系由典型群决定. 到 20 世纪 90 年代, 万哲先又解决了轨道的刻画、计数问题.

尽管面临着主客观条件的限制, 中国学者对于典型群的研究热情不减, 他们继续开展典型群的研究, 培养的学生及追随者甚多, 有王仰贤、任宏硕、吴小龙、李尊贤、李福安、游宏、陈宇、李尚志、查建国等, 在国际上有典型群的中国学派之称. 1975 年, 美国访华代表团将中国典型群方面的工作列为中国五项重要成就之一. 1978 年,《典型群》一书获得全国科学大会重大科研成果奖.

2. 有限群与代数群研究

中国数学家的另一项杰出工作是段学复开展的有限群研究. 1952 年院系调整, 段学复出任北京大学数学力学系主任, 开始担负行政工作. 这时, 段学复主要将精力集中在培养学生上. 截至文化大革命前, 他先后培养了许以超、沈光宇、蓝以中、徐明耀等本科生, 以及石生明、洪加威、李慧陵等研究生. 西南师范大学的陈重穆也受到了段学复的指导.

段学复在北京大学组织了两期有限群模表示论讨论班. 第一期是在 1954~1955 年, 指导王萼芳研究了阶数小于等于 27000 的有限单群. 第二期是在 1956~1957 年, 段学复与学生们计算单群 J_1 的指标表. 这时他们的工作是紧跟世界潮流的, 奈何政治运动打断了他们的进程, 拉大了我国有限群与国际的差距.

武汉大学是解放后有限群研究的另一个重镇, 这主要得益于张远达. 当年张远达受到了肖君绛翻译《近世代数学》的影响, 开始致力于代数学的研究. 1955 年, 张远达赴莫斯科随库洛什 (A. G. Kurosh)学习群论. 回国后, 他主要研究有限群构造. 1982 年, 他出版了《有限群构造》, 是我国有限群方面的第一部专著.

华东师范大学本来也以有限群表示论研究为主体. 1952 年院系调整后, 曹锡华从浙江大学到华东师范大学工作. 他继续从事有限群模表示论的研究, 但无奈受到了诸多政治活动特别是文革的影响. 改革开放后, 他敏锐地以代数群为研究方向, 培养了王建磐、时俭益等学生.

总体来说, 这一时期的群论教学与研究取得了很大成果, 但同时又有很多无奈. 比如段学复组织的有限群研究, 由于受到政治运动的影响而无法坚持, 等到文化大革命结束后, 有限单群分类工作已经完成了, 这种教训不可谓不深刻. 但是, 通过华罗庚、段学复等人的讨论班, 一大批群论及其相关领域的学生被培养出来了. 这好比是保留下了种子, 一旦外部条件好转, 它们就能生根发芽、开花结果.

改革开放后, 科学的春天到来了. 文化大革命前毕业的优秀学生, 更加发奋地努力工作. 随着国民经济的发展, 学术交流开始频繁起来. 除了老一辈数学家和他们的弟子培养的学生外, 还有大批留学生从国外学成归来. 我国群论的教学与研究开始重回正轨, 并进入到兴旺发达的局面.

附录 I　小阶群的结构

在群论研究的初期, 一个中心的问题是对阶数为 n 的群, 列举出所有不同构的群. 由拉格朗日定理可知, 素数阶群必为循环群, 这个结果在 19 世纪上叶就为数学家所知. 到 19 世纪 80 年代, 弗罗贝尼乌斯与斯蒂尔伯格得到了有限交换群的基本定理, 有限交换群的结构也被完全弄清楚了.

于此同时, 西罗定理的问世又极大地促进了非交换群的研究. 特别是对于 pq 阶数的群 (其中 p, q 为素数), 其结构比较容易确定. 比如对于 $2p$ 阶群 G 来说, 由于西罗 p-子群的个数 $1+kp$ 整除 2, 故 $k=0$, p 阶元素 a 生成的子群 $\langle a\rangle$ 为正规子群. 显然存在 $b\notin\langle a\rangle$, 使得 $b^{-1}ab=a^i\in\langle a\rangle\left(-\dfrac{p}{2}<i<\dfrac{p}{2}\right)$, 可证明 i 必为 ±1. 当 $i=1$ 时, G 为交换群; 当 $i=-1$ 时, 群 $G=\langle a,b\mid a^p=1, b^2=1, b^{-1}ab=a^{-1}\rangle\cong D_{2p}$.

定理 I.1　$2p$ 阶非交换群同构于二面体群 D_{2p}.

由此结果可知 $S_3\cong D_6$, 因此 6 阶群有且只有两个: $\mathbb{Z}_6$ 与 D_6. 同理, 10 阶群与 14 阶群也只有两个, 分别为 $\mathbb{Z}_{10}$, D_{10} 与 $\mathbb{Z}_{14}$, D_{14}. 高斯曾证明, 若 p, q 为素数, 则 $\mathbb{Z}_p\times\mathbb{Z}_q=\mathbb{Z}_{pq}$. 实际上, 只要素数 $p>q$ 且 $q\nmid p-1$, 则 pq 阶群 G 必有唯一的 p 阶与 q 阶正规子群, 故 G 同构于 $\mathbb{Z}_p\times\mathbb{Z}_q=\mathbb{Z}_{pq}$.

定理 I.2　如果 $p>q$ 且 $q\nmid p-1$, 则 pq 阶群同构于 $\mathbb{Z}_{pq}$.

这个定理的证明与之前如出一辙, 读者可自己尝试证之. 由此结果可知, 15 阶群只有 1 个 $\mathbb{Z}_{15}$. 这样, 在阶数 $\leqslant 15$ 的群中, 只剩下 8 阶与 12 阶群. 由有限交换群基本定理, 它们的交换形式不难得到. 因此, 我们主要来决定它们的非交换形式, 用到的主要工具仍然是西罗定理.

由西罗定理可知, 8 阶群 G 必有 4 阶元 a, 它生成的子群 $\langle a\rangle$ 在 G 中的指数为 2, 故其为正规子群. 如果 $G-\langle a\rangle$ 中存在 2 阶元 b, 则 $b^{-1}ab=a^i\in\langle a\rangle(-2\leqslant i<2)$, 可证明 i 必为 -1, 此时 $G=\langle a,b\mid a^4=b^2=e, b^{-1}ab=a^{-1}\rangle\cong D_8$. 如果 G 中不存在 2 阶元, 则任取一 4 阶元 $b\in G-\langle a\rangle$, 同理 $b^{-1}ab=a^i\in\langle a\rangle(-2\leqslant i<2)$, 可证明 i 仍为 -1, 此时 $G=\langle a,b\mid a^4=e, b^2=a^2, b^{-1}ab=a^{-1}\rangle\cong Q_8$.

定理 I.3　8 阶非交换群 G 只有两个: D_8 与 Q_8.

12 阶非交换群 G 的决定稍微复杂一些. 首先, 4 次交错群 A_4 是 12 阶群. 由西罗定理可知, G 必存在 3 阶元 a, 它生成的子群 $\langle a\rangle$ 为 3 阶群. 若 $\langle a\rangle$ 为正规子群, 则其自共轭, 因此与 a 共轭的元素个数 $[G:C_G(a)]=1$ 或 2, 这也就是说, a 的中心化子 $C_G(a)$ 的阶数为 12 或 6.

由定理 2.7.9 可知, 偶数阶群 $C_G(a)$ 必含 2 阶元, 不妨设为 b. 令 $c=ab=ba$, 则 c 为 6 阶元素, 故 $\langle c\rangle$ 为 G 的正规子群. 存在非单位元 $d\notin\langle c\rangle$ 且 $d^2\in\langle c\rangle$, 则 $d^{-1}cd=c^i, d^2=c^j(0\leqslant i,j\leqslant 5)$. 可证明, i 必等于 5, j 必等于 0 或 3. 因此 $d^{-1}cd=c^{-1}$, $cd=dc^{-1}$, 群 G 必同构于以下两种情形:

(1) 当 $j=0$ 时, $G\cong\langle a,b\mid a^6=b^2=e, ba=a^{-1}b\rangle$.

(2) 当 $j=3$ 时, $G\cong\langle a,b\mid a^6=e, b^2=a^3, ba=a^{-1}b\rangle$.

此外, 还需证明这两个群与 A_4 不同构, 这点可通过验证元素的阶得到.

定理 I.4　12 阶非交换群 G 只有 3 个: A_4, D_{12} 与 $T=\langle a,b\mid a^6=1, b^2=a^3, ba=a^{-1}b\rangle$.

到 19 世纪末, 数学家已经能决定出阶数小于等于 48 的群的结构. 我们这里仅给出阶数小于等于 15 的群的结构.

表 11　阶数小于等于 15 的群

$\|G\|$	交换群	非交换群	$\|G\|$	交换群	非交换群
1	$\{e\}$		9	$\mathbb{Z}_9$, $\mathbb{Z}_3^2$	
2	$\mathbb{Z}_2$		10	$\mathbb{Z}_{10}$	D_{10}
3	$\mathbb{Z}_3$		11	$\mathbb{Z}_{11}$	
4	$\mathbb{Z}_4$, $\mathbb{Z}_2^2$		12	$\mathbb{Z}_{12}$, $\mathbb{Z}_2^2\oplus\mathbb{Z}_3$	D_{12}, A_4, T
5	$\mathbb{Z}_5$		13	$\mathbb{Z}_{13}$	
6	$\mathbb{Z}_6$	$S_3=D_6$	14	$\mathbb{Z}_{14}$	D_{14}
7	$\mathbb{Z}_7$		15	$\mathbb{Z}_{15}$	
8	$\mathbb{Z}_8$, $\mathbb{Z}_2\oplus\mathbb{Z}_4$, $\mathbb{Z}_2^3$	D_8, Q_8			

通过前面的一系列定理, 我们给出了阶数小于等于 15 的群的结构. 对于更大阶数的群 G, 计算其数目是一件比较困难的事情. 20 世纪以来, 计算机的应用使得这个问题的研究突飞猛进, 并开辟出计算群论的研究方向. 但是, 早期数学家得到这些结果完全靠的是手算, 可见工作之艰辛.

表 12　16~30 阶不同构群的数目

阶数	16	17	18	19	20	21	22	23	24	25	26	27	28	29	30
个数	14	1	5	1	5	2	2	1	15	2	2	5	4	1	4

随着群的阶数的增加, 不同构群的数目也在急剧增加. 通过观察, 我们发现阶为 16 的互不同构的群有 14 个, 而阶为 24 的互不同构的群有 15 个, 阶为 32 的群有 51 个. 可见当 G 的阶数如果为 2 的幂 2^n 或 $2^n \cdot p$ 时, 会产生大量互相不同构的群.

2^n 阶群的数目研究持续了百余年. 1896 年, 美国数学家米勒 (G. A. Miller)决定了 32 阶群的个数. 但是, 128 阶群的个数直到 1990 年才由詹姆斯 (R. James)、纽曼 (M. F. Newman) 与奥伯莱恩 (E. A. O'Brien) 给出. 次年, 奥伯莱恩又独自决定了 256 阶群的个数. 1999 年, 艾克 (B. Eick) 和奥伯莱恩给出了 512 阶群的个数, 一共是 10494213 个.

表 13　$2^n(0 \leqslant n \leqslant 9)$ 阶不同构群的数目

阶数	1	2	4	8	16	32	$2^6 = 64$	$2^7 = 128$	$2^8 = 256$	$2^9 = 512$
个数	1	1	2	5	14	51	267	2328	56092	10494213

到 21 世纪初, 数学家们已经可以决定出 2000 阶以内的群的个数. 实际上, 这是一个永远也回答不完的问题. 因此, 对于阶数为 n 的群的个数 $\sharp(n)$, 给出上界才是正确的导向. 幸运的是, 早在 1987 年, 麦克伊夫 (A. Mclver) 与诺依曼 (P. M. Neumann) 就得出了如下结果:

$$\sharp(n) \leqslant n^{e^2+e+2},$$

其中 $e = \max\{e_1, e_2, \cdots, e_m\}$, $n = p_1^{e_1} p_2^{e_2} \cdots p_m^{e_m}$, 这个结果用到了有限单群分类定理.

附录 II　有限单群分类周期表

大多数人都背过元素周期表. 元素是具有相同核电荷数一类原子的总称, 是组成自然界物质的基本单位. 因此, 确定出所有的元素具有重要意义. 19 世纪 70 年代, 俄国化学家门捷列夫 (D. I. Mendeleev)制作出世界上第一张元素周期表, 并据以预见了一些尚未发现的元素.

无独有偶, 群论中也存在这样的周期表. 由于群可以通过单群合成, 故单群类似于元素或原子. 不同之处在于, 这张表格历经百余年来, 几代数学家共同努力才得到.

确定有限单群的核心思想是分类, 这一点与生物学颇有共通之处. 法国昆虫学家法布尔 (C. Fabre)酷爱花草和虫鸟, 他花费毕生的经历和时间, 写出了《昆虫记》(*Souvenirs Entomologiques*). 这部著作分类将昆虫的生活世界呈现出来, 集知识性、趣味性、思想性于一身, 是一部优秀的科普与文学著作. 特别值得一提的是, 法布尔还拥有数学学士学位.

表 14　有限单群分类周期表

$\mathbb{Z}_p$	$\mathbb{Z}_2$	$\mathbb{Z}_3$	$\mathbb{Z}_5$	$\mathbb{Z}_7$	$\mathbb{Z}_{11}$	$\mathbb{Z}_{13}$	$\cdots$
p	2	3	5	7	11	13	
A_n		$A_1(4), A_1(5)$	$A_1(9), B_2(2)'$		$A_3(2)$		
		A_5	A_6	A_7	A_8	A_9	$\cdots$
$\frac{n!}{2}$		60	360	2520	20160	181440	
$A_n(q)$		$A_2(2)$	${}^2G_2(3)'$				
		$A_1(7)$	$A_1(8)$	$A_1(11)$	$A_1(13)$	$A_1(17)$	$\cdots$
		168	504	660	1092	2448	
$B_n(q)$		${}^2A_3(4)$					
		$B_2(3)$	$B_2(4)$	$B_3(2)$	$B_2(5)$	$B_2(7)$	$\cdots$
		25920	979200	1451520	4680000	138297600	
$C_n(q)$							
		$C_3(3)$	$C_3(5)$	$C_4(3)$	$C_3(7)$	$C_3(9)$	$\cdots$
		4585351680	—	—	—	—	

续表

$\mathbb{Z}_p$	$\mathbb{Z}_2$	$\mathbb{Z}_3$	$\mathbb{Z}_5$	$\mathbb{Z}_7$	$\mathbb{Z}_{11}$	$\mathbb{Z}_{13}$	$\cdots$
p	2	3	5	7	11	13	
$D_n(q)$							
		$D_4(2)$	$D_4(3)$	$D_5(2)$	$D_4(5)$	$D_5(3)$	$\cdots$
		174182400	—	—	—	—	
$E_6(q)$				$E_6(2)$	$E_6(3)$	$E_6(4)$	$\cdots$
$E_7(q)$				$E_7(2)$	$E_7(3)$	$E_7(4)$	$\cdots$
$E_8(q)$				$E_8(2)$	$E_8(3)$	$E_8(4)$	$\cdots$
$F_4(q)$				$F_4(2)$	$F_4(3)$	$F_4(4)$	$\cdots$
$G_2(q)$				$G_2(3)$	$G_2(4)$	$G_2(5)$	$\cdots$
${}^2D_n(q^2)$	${}^2D_4(2^2)$	${}^2D_4(3^2)$	${}^2D_5(2^2)$	${}^2D_4(4^2)$	${}^2D_4(5^2)$	$\cdots$	
		197406720	—	—	—	—	
${}^2A_n(q^2)$	${}^2A_2(3^2)$	${}^2A_2(4^2)$	${}^2A_2(5^2)$	${}^2A_3(5^2)$	${}^2A_2(8^2)$	$\cdots$	
		6048	62400	126000	3265920	5515776	
${}^3D_4(q^3)$			${}^3D_4(2^3)$	${}^3D_4(3^3)$	${}^3D_4(4^3)$	$\cdots$	
${}^2E_6(q^2)$			${}^2E_6(2^2)$	${}^2E_6(3^2)$	${}^2E_6(4^2)$	$\cdots$	
${}^2B_2(2^{2n+1})$			${}^2B_2(2^3)$	${}^2B_2(2^5)$	${}^2B_2(2^7)$	$\cdots$	
${}^2F_4(2^{2n+1})$			${}^2F_4(2)'$	${}^2F_4(2^3)$	${}^2F_4(2^5)$	$\cdots$	
${}^2G_2(3^{2n+1})$			${}^2G_2(3^3)$	${}^2G_2(3^5)$	${}^2G_2(3^7)$	$\cdots$	
	M_{11}	M_{12}	M_{22}	M_{23}	M_{24}	J_1	J_2
	7920	95040	443520	10200960	175560	244823040	604800
	J_3	J_4	HS	McL	He	Ru	Suz
	50232960	—	44352000	898128000	4030387200	—	—
	$O'N$	Co_3	Co_2	Co_1	HN	Ly	Th
	Fi_{22}	Fi_{23}	Fi'_{24}	F_2	F_1		

附录 III 阿贝尔与伽罗瓦

在人类社会发展的历史长河中, 数学发挥着不可估量的作用. 然而数学家却常被认为不食人间烟火, 他们很少能提起公众的兴趣, 引发他们的共鸣. 确实有部分数学家如此, 他们平淡地度过了一生. 然而阿贝尔和伽罗瓦绝对是例外, 在全部数学史上, 再也没有比他俩更传奇的例子了, 无数学子因为他们的故事而走上了数学的道路.

III.1 拿破仑时代

19 世纪初, 欧洲数学家辈出. 数学强国法国自不必提, 倒是北欧小国挪威竟也诞生了一位大数学家. 1802 年 8 月 5 日, 数学奇才阿贝尔出生于挪威西南海岸线上斯塔万格 (Stavanger) 的一个小岛 —— 芬岛 (Finnøy). 也许现代人习惯了如今的生活, 也就无意去想象那个时代. 没有火车, 没有电, 当然更别提手机和电脑了.

阿贝尔出生于一个大家庭, 他有五个弟弟, 一个哥哥, 还有一个妹妹. 那时没有节制生育的概念, 家庭一般都很大, 有的甚至有十几、二十多个子女. 父亲索伦 (Soren Abel) 是个牧师, 曾在哥本哈根大学接受过高等教育, 这是挪威当时可以接受到的最高教育, 后来还曾两任议员, 生活倒还可以维持.

阿贝尔没有上过小学, 因为偏僻的地方根本就没有小学, 他在家里接受了父亲的启蒙教育. 而在北海的另一侧法国, 一个靠近巴黎叫皇后 (Reine) 的镇子里, 在阿贝尔出生 9 年后, 也诞生了一位非凡的天才, 这人日后注定要与阿贝尔的名字联系在一起, 此人就是伽罗瓦.

1811 年 10 月 25 日, 伽罗瓦出生在一个有着共和主义信仰并且支持革命的知识分子家庭中. 与阿贝尔相同的是, 幼年的伽罗瓦也没上过小学. 他从母亲那里得到了启蒙教育, 学到了希腊语与拉丁语, 打下了极为出色的语言基础. 当时正值著名的拿破仑时代, 整个欧洲都笼罩在战争的阴影之下. 要说拿破仑时代, 还得从法国大革命的爆发谈起.

1789 年, 巴黎人民攻占了巴士底狱, 拉开了法国大革命的序幕. 实际上在此之前, 法国的矛盾已经不可调和了. 由于波旁王朝的残酷统治, 巴黎人民再也忍无可忍. 关于这一时期的论述, 英国作家狄更斯 (C. J. H. Dickens) 的《双城记》(*A Tale of Two Cities*) 无疑具有代表性:

那是最美好的时代, 那是最糟糕的时代;
那是智慧的年头, 那是愚昧的年头;
那是信仰的时期, 那是怀疑的时期;
那是光明的季节, 那是黑暗的季节;
那是希望的春天, 那是失望的冬天;
我们拥有一切, 我们一无所有;
我们全都在直奔天堂, 我们全都在直奔相反的方向.
简而言之, 那时跟现在非常相象,
某些最喧嚣的权威坚持要用形容词的最高级来形容它.
说它好, 是最高级的;
说它不好, 也是最高级的.

图 24 罗拜尔油画: 攻占巴士底狱

法国的革命风暴吓坏了欧洲大陆的其他君主, 他们结成了反法同盟. 1792 年, 法国军队在瓦尔密战役中打败了外国干涉军, 获得了难得的喘息之机. 为了适应正在进行的战争, 法国迫切需要工程师做筑堡垒、修道路、建桥梁以及有关枪炮方面的工作.

为了解决以上突出的问题, 新的资产阶级建立了一批新学校. 1795 年, 法国巴黎综合理工学院 (École Polytechnique) 成立了, 著名数学家蒙日 (G. Monge)是创始人之一. 而在此前一年, 巴黎高等师范学院也成立了, 傅里叶被聘为该校的教授.

大革命虽然促进了法国科学的发展, 但也有为数不少的科学家在大革命中被送上断头台. 由于人民受尽了剥削, 那些在科学院享受政府津贴的院士和科学家们成了他们革命的对象. 当时的口号就是:“共和国不需要科学家!” 在这些口号的指导下, 很多科学家被送上了断头台. 例如著名化学家拉瓦锡 (A. L. de Lavoisier), 他被誉为近代化学之父, 竟也被残忍杀害.

更为可悲的是, 法国科学院的院士们变得畏畏缩缩、老态龙钟, 他们被大革命吓破了胆. 1804 年, 拿破仑加冕为法兰西帝国皇帝, 结束了大革命以来政局不稳的局面, 科学家的日子也开始好转. 由于拿破仑热爱数学, 很多数学家与皇帝交上了朋友, 并担任法国政府部门的要职.

当时丹麦是法国的盟友, 作为丹麦属国的挪威自然就成了反法同盟打击的对象. 挪威本土受到了英国舰队的严密封锁, 导致挪威 1807~1814 年的大饥荒. 同一年, 拿破仑对俄国人的战争失利, 不得不从皇帝的位置上退了下来, 法兰西帝国开始趋于崩溃. 1814 年 4 月, 波旁王朝复辟, 法国又开始了封建王朝统治.

随着拿破仑的失败, 丹麦也倒了霉. 根据《基尔条约》, 丹麦被迫将挪威割让给瑞典, 而挪威则趁机独立. 这可惹恼了瑞典, 他们的入侵迫使挪威答应与瑞典结成联盟, 不过主导方是瑞典, 挪威低人一等. 与此同时, 伽罗瓦的父亲当选为当地的镇长.

III.2 奥斯陆的数学奇才

13 岁的时候, 阿贝尔和他的哥哥汉斯 (Hans Abel) 一同被送往首都克里斯蒂安尼亚的教会学校学习. 但是, 阿贝尔似乎不太适应那里的生活, 开始两年, 学习成绩还算差强人意, 接着分数就逐步下滑. 在学校里, 他时常变得忧郁. 哥哥汉斯的情况则更糟, 患上了神经衰弱, 最后不得不送回家.

一件偶然的事情改变了阿贝尔的一生. 数学老师霍尔姆博 (B. M. Holmboë) 发现了分数不高的阿贝尔在数学上有着极高的天赋, 这真是万幸. 正如布特纳 (Buttner) 发现高斯一样, 这位仅比阿贝尔大 7 岁的数学教师, 除了在课程范围之外给阿贝尔布置更难的习题外, 还向他推荐更深的书让他自学.

今时今日, 各种数学图书琳琅满目、汗牛充栋, 可 200 多年前那个时代没有现在这么多的教材, 教辅和科普读物就更不用提了. 要学数学, 只有去读十几位数学大师的原著, 最主要的是欧拉、拉格朗日、拉普拉斯 (P. S. d. Laplace)、勒让德等人的著作.

拿欧拉来说, 他的《无穷分析引论》总结了当时大量丰富的数学成果, 条理清楚, 很适合自学. 所以拉普拉斯有

"读读欧拉, 他是我们所有人的老师."

的说法. 这也符合阿贝尔的座右铭:

"直接向大师学习, 而不是向他们的学生学习."

由于这些著作都是用拉丁语、法语或德语写的, 阿贝尔因此也学会了法语和德语, 后来阿贝尔能熟练地用法文写作.

很快, 阿贝尔就超过了他的老师霍尔姆博. 霍尔姆博也确实有美德, 到处宣扬阿贝尔的才能, 处处为他的成才铺路. 通过霍尔姆博, 阿贝尔甚至见到了克里斯蒂安尼亚大学的顶尖教授韩斯廷 (C. Hansteen) 以及唯一的数学教授腊斯木森 (S. Rasmussen).

霍尔姆博原来曾是克里斯蒂安尼亚大学韩斯廷教授的助教, 由于阿贝尔之前的数学老师体罚学生被解职, 从大学调到中学的. 那时的中小学老师体罚学生是常事, 数学史家贝尔更是这样写道:

"所谓的教学方法, 就是将学生们鞭打到愚蠢的程度, 让学生们害怕到连自己的名字也忘了."

可见, 仅仅靠体罚是很难培养出优秀学生的.

18 岁那年, 正当阿贝尔埋头于数学原著, 在数学上突飞猛进的时候, 他的父亲去世了, 家庭生活迅速陷入了贫困的境地. 但是, 阿贝尔并没有被困难所打倒, 他仍然继续攻读所有到手的数学书籍. 正如他以后常常在信中提到的那样, 当时的数学, 不管是重要的还是不重要的, 他都已经掌握, 现在该是搞点研究的时候了.

从 1815 年到 1821 年, 阿贝尔上了六年教会学校, 大致相当于现在的中学. 在中学的最后一年, 阿贝尔决心去解一个公开的问题, 一个 300 年来使许多大数学家困惑的问题 —— 五次方程的根式求解问题, 这个问题后来同样吸引了伽罗瓦.

III.3 代数方程

有文献记载, 自从人类文明诞生以来, 就有了数学. 汹涌的幼发拉底河和底格里斯河灌溉了肥沃的美索不达米亚平原, 也孕育了高度的数学文明, 生活在这片土地上的人们已经会解一、二次方程. 阿拉伯人在代数学方面成就颇深, 他们已经得到公式来计算二次方程 $ax^2+bx+c=0$ 的解, 即

$$x=\frac{-b\pm\sqrt{b^2-4ac}}{2a}.$$

《代数学》(*Kitab al-Jabr wa-l-Muqabala*) 集中体现了阿拉伯人处理代数方程的方法观. 至此, 代数学的主要任务就是解方程.

欧洲的数学直到文艺复兴才得到解放, 《代数学》传到欧洲后, 人们开始尝试去解三、四次方程. 按照当时的风俗, 学者们不公开自己的成果, 而是作为挑战别人和汲取声望的工具. 这之间有个故事, 塔塔利亚得出了三次方程的解, 但被卡尔达诺用某种办法窃取并出版, 于是二者之间爆发了激烈的论战. 三次方程得到解决后, 卡尔达诺的学生费拉里又解决了四次方程, 其解法也发表在《大术》中.

代数方程的可解性, 就是这些方程的根, 可以表示为方程系数加、减、乘、除以及开方运算的形式, 这种表示被称为代数解或根式解. 三、四次方程可解性的问题得到解决后, 五次及五次以上的方程可解性似乎不是个问题. 但是, 这道题目出奇地难, 300 年间, 竟然没有得到解决.

在这个过程中, 拉格朗日的工作最为重要, 1770 年, 他发表了《关于代数方程解的思考》(*Réflexions sur la résolution algébrique des équations*), 在其中讨论了三、四次方程能根式解的原因. 拉格朗日发现三次方程有一个二次辅助方程, 四次方程有一个三次辅助方程, 他将这些辅助方程称为原方程根的"预解方程", 并试图进一步推广这种方法.

这种方法在推广到五次以上的方程遭到失败, 于是拉格朗日猜测五次方程不能根式解. 1799 年, 沿着拉格朗日的思路, 意大利数学家鲁菲尼证明不存在一个低于

五次的预解方程 (有漏洞, 后来被阿贝尔补充). 尽管取得了一系列进展, 但这个问题似乎很难解决.

III.4　不存在根式解

年轻人一般不太谦虚, 极端一点的更是自以为是, 总觉得自己就是为解决这个问题而生的. 起初, 阿贝尔认为自己“发现”了五次方程的求解公式, 后来的伽罗瓦也不例外, 他们一度都觉得自己找到了答案, 有时候数学家们出奇地类似.

阿贝尔把他“发现”的求解公式写成论文之后, 挪威竟没有人能够看懂, 也没有刊物能发表他的结果. 于是大学教授韩斯廷亲自出面把论文寄给丹麦的数学家德根 (F. Degen) 教授, 请他在丹麦科学院发表. 在北欧, 丹麦是一个文化中心, 不过在数学上还是落后于德国和法国.

德根也没能发现论文中的任何漏洞, 不过他很谨慎. 由于过程繁复, 他要求阿贝尔用具体的例子来阐明他的公式. 挪威当时相对封闭落后, 要是没有国外的高人指点, 再伟大的天才也将被埋没. 德根当然不是什么大数学家, 但他建议阿贝尔要给出例子来验证公式, 并指出椭圆函数是一个好的研究方向, 对阿贝尔的启发很大.

1821 年中学毕业后, 阿贝尔顺利进入克里斯蒂安尼亚大学. 克里斯蒂安尼亚大学成立于 1811 年, 办学模式仿照刚刚成立的柏林大学. 虽说是大学, 但却没有什么像样的课程, 因为就高等数学来说, 当时挪威根本就没什么人懂, 而更高深的数学还要等阿贝尔等人去创造.

阿贝尔当时已经小有名气, 几位大学教授自掏腰包支持这个穷孩子上学. 阿贝尔一年就拿到哲学副博士的学位, 相当于现在的学士学位. 但他没有浪费时间, 而是抓紧一切时间读原著, 思考问题, 写论文. 1823 年暑假, 腊斯木森教授资助了阿贝尔 100 台拉, 让他到丹麦会见德根教授.

阿贝尔在哥本哈根呆了两个月, 见到了给他提出修改意见的德根教授和其他丹麦数学家. 果然, 回国以后, 他又重新研究起五次方程的求解问题, 正是在寻找例子的过程中他发现了自己的错误. 这一次他采取否定的观点, 并取得了成功, 最终证明五次一般方程不可能根式求解.

阿贝尔的核心思想是: 可以用根式求解的方程, 在其根的表达式中, 根式均可表成系数和某些单位根的有理函数, 一般五次方程不能做到这一点. 为了扩大这篇文章的影响，他决定写成法文自费出版. 为了节约开支，他不得不大幅压缩篇幅，使得这篇文章相当难懂. 他把这篇论文寄给许多大数学家，包括当时的数学王子——高斯，结果毫无反应.

阿贝尔解决的这个难题：五次和五次以上的一般方程没有根式解，是数学上石破天惊的大事，这是数学中第一个不可解的大问题. 他告诉那些妄图对五次方程给出根式解公式的人：此路不通. 不过总有人“不信邪”，甚至阿贝尔去世百年之后，中国还有这样的人，结果被当时年轻的华罗庚所批驳.

III.5　巴黎的数学奇才

就在阿贝尔做出这一重大发现的同一年，12 岁的伽罗瓦告别双亲，考入路易皇家中学就读，开始接受正规教育. 在中学的前两年，他的成绩不错，希腊语和拉丁语成绩突出，但其他学科成绩平平，后来还因为修辞学不得不重读一年. 这件使伽罗瓦感到难堪的坏事，却给他创造了接触数学的机会，校方批准他可以去听数学课.

图 25　伽罗瓦

伽罗瓦一接触数学，立刻就被数学吸引到了，他如饥似渴地吸取数学营养，以至于老师们不止一次提醒他要顾及其他学科. 很快，伽罗瓦就不满于教科书的贫乏. 于是，他毅然抛开教科书，像阿贝尔那样，直接阅读数学大师们的专著.

伽罗瓦读的第一本著作是勒让德的《几何原理》(*Éléments de Géométrie*)，如贝尔夸张描述地那样，他像读小说一样地读完了它，并且一遍就学会了. 15 岁的时候，他开始读拉格朗日《关于方程代数解的思考》，后来正是因为这篇论文，他开始研究方程根式解的理论.

在没有读完所有课程的情况下, 伽罗瓦提前一年去报考巴黎综合理工学院. 由于缺乏基本的训练, 这次考试以失败而告终. 于是, 他继续留在中学选修更高深的课程. 教师理查德 (Richard) 认为他有非凡的数学天赋, 并断言:"伽罗瓦只适宜在数学的尖端领域中工作." 面对老师的赏识和鼓励, 伽罗瓦更加努力地学习数学.

在理查德的帮助和推荐下, 18 岁的伽罗瓦发表了他的第一篇论文, 题目是《周期连分数的一个定理的证明》(*Démonstration d' un théoréme sur les fractionscontinues périodiques*), 刊登在法国数学家热尔岗 (J. D. Gergonne) 于 1810 年创办的第一个专业性数学杂志《纯粹与应用数学年刊》(*Annales de Mathématiques Pures et Appliquées*) 上. 这篇论文清楚地说明了欧拉与朗格朗日关于连分数的结果, 标志着伽罗瓦学术生涯的开始.

III.6 从挪威到柏林

正当伽罗瓦潜心研读数学大师的著作之时, 阿贝尔萌生了到巴黎的想法. 19 世纪 20 年代, 世界的数学中心在巴黎, 更确切地说是法国科学院, 科学院里有几位数学院士, 尽管他们有各种各样的缺点, 但在学术上绝对一流. 得到他们的肯定, 对年轻人的成长十分重要.

但他无法再从教授们那里得到资助, 教授们也不富裕. 阿贝尔只得向政府申请资助, 政府办事虽然拖拉, 但在几位教授的强烈推荐下, 最后还是决定资助阿贝尔 600 台拉出国两年. 不过资助也有附加条件, 他要继续呆在挪威学习语言, 等到大学毕业后才能成行. 阿贝尔只好继续呆在祖国, 不过他从未中断过自己的思考.

大学 4 年毕业后, 阿贝尔在 1825 年夏天走出国门. 本来阿贝尔应该直奔巴黎, 但当时挪威还有其他 4 位学生同他一起出国学习, 他们的目的地是柏林, 阿贝尔决定随他们一起先到柏林. 当时德根已故, 丹麦的一位数学家给他写了推荐信, 让他到柏林后去见克莱尔 (A. L. Crelle).

克莱尔是主管普鲁士王国管基建的部长. 他做城市规划, 还修建了德国第一条铁路. 克莱尔非常爱好数学, 不遗余力地发展数学事业, 德国第一份专业的数学期刊 ——《纯粹与应用数学杂志》(*Journal für die Reine und Angewandte Mathematik*) 正是由他创办的, 这本杂志后来成为 19 世纪一流的数学杂志, 也被称为《克莱尔杂志》(*Crelle's Journal*).

遇到克莱尔是阿贝尔的一大幸事, 他生前大部分的数学成果都发表在《克莱尔杂志》上了. 1825~1826 年的整个冬天, 阿贝尔都呆在了柏林, 这一时期他极其多产, 仅第一卷《克莱尔杂志》就包含阿贝尔的 6 篇论文, 包括那篇经典的代数方程文章, 这时阿贝尔逐渐成长为一名一流的数学家.

毫无疑问, 阿贝尔有着无与伦比的天才, 他在中学时就能自学那些数学大师们的著作, 并且超过他的老师霍尔姆博、腊斯木森和韩斯廷. 但是他更加勤奋, 在与阿贝尔同行的 4 位学生中, 有一位学兽医的学生波克 (C. F. Boeck), 他回忆起阿贝尔最深的印象就是在柏林期间, 阿贝尔几乎每晚都点着蜡烛, 在从事写作或者计算. 有一次阿贝尔在脑海中有了某个想法, 但在检查时又觉得不通, 于是接着算. 终于有一天, 在他的同行好友熟睡的时候, 阿贝尔突然兴奋地大叫, 这吵醒了他们, 原来一瞬之间阿贝尔已经得到了结果.

无独有偶, 我国著名数学家吴文俊也有过类似的经历. 1947 年, 任职中央研究院数学研究所主任的陈省身到清华大学教课, 吴文俊与曹锡华同行. 在清华, 吴文俊和曹锡华同住一间宿舍. 吴文俊每晚攻关惠特尼乘积公式到深夜, 觉得证明出来了才上床睡觉, 早晨一醒来, 对曹锡华说证出来了. 到晚上时发现证明有错, 于是继续攻关, 第二天早晨醒来, 又对曹锡华说证好了, 到了下午发现证明还有漏洞, 如此反复多次, 终获成功, 这篇成果最终发表在《数学年刊》(*Annals of Mathematics*) 上. 这样看来, 天才更是艰苦漫长勤奋之路的必然结果, 华罗庚那句

> "聪明在于勤奋, 天才在于积累."

的名言就是对阿贝尔最好的诠释.

1826 年春天来临之际, 阿贝尔去巴黎的计划又一次搁浅, 他学地质的朋友要去中南欧进行地质考察, 阿贝尔也想开开眼界, 他还给自己找了个借口, 说要去拜访奥地利的数学家.

III.7 谦卑与冷漠

1826 年 3 月, 阿贝尔离开柏林, 经莱比锡到德累斯顿, 再经过布拉格去威尼斯, 最后到阿尔卑斯山, 并由此进入法国. 这个近乎半圆形的旅行虽然极大地增长了阿

贝尔的见识, 但也耽误和耗费了他不少时间和经费, 这几乎是致命的.

经过 4 个月的旅行, 阿贝尔终于到了巴黎, 不过他的运气却急转直下. 住宿极差、伙食极差、房租极高, 这些他还能勉强承受, 因为他的目的是见大人物. 然而法国数学的大权威们都很难接近, 根本不把年轻人当一回事, 且假期大都去乡下休养去了. 虽然后来, 该见的都见到了, 但是效果不是理想的, 没人赏识他的工作.

1826 年 10 月, 阿贝尔向法国科学院提交了一篇题为《论一类极广泛超越函数的一个一般性质》(*Mémoire sur une propriété générale d'une classe très étendue de fonctions transcendantes*) 的大论文, 提出了比椭圆积分和椭圆函数更广泛的阿贝尔积分和阿贝尔函数, 并证明了阿贝尔大定理. 科学院让柯西审, 按照规定, 审稿人应该给出报告, 然而很久没有下文, 甚至后来连论文都找不到了.

柯西当时 30 多岁, 正是个人的拼搏时代, 他不太在乎年轻人的成果. 阿贝尔去世很久之后这篇论文才找到并发表出来, 柯西说它太难懂, 这或许是实话. 至于柯西找到这份论文也有插曲, 源于德国数学家雅可比 (C. G. Jacobi)的质询, 并引发了挪威政府的抗议:

> 阿贝尔先生的这个发现是什么样的发现啊! ……有谁看见过同样的东西? 这个发现, 也许是我们这个世纪最伟大的发现……可你的同事怎么会没注意到它呢?"

在巴黎, 孤独、忧郁和失望常常伴随着阿贝尔, 他和霍尔姆博的通信清晰地表明了优雅的法国人如何地难以接触, 看话剧成了他排遣忧郁的主要方式之一. 不过在巴黎也有收获, 他认识了旅居巴黎的挪威画家格罗斯 (J. A. Gϕrbitz), 他为阿贝尔作了一幅肖像. 这是阿贝尔一生唯一的肖像, 现保存在奥斯陆大学. 从肖像来看, 阿贝尔有着精致的外表, 如果评选历史上最帅的数学家, 阿贝尔应该有一席之地.

III.8　贫　　穷

从 1826 年 7 月到圣诞节, 阿贝尔在巴黎呆了半年. 圣诞节过后, 阿贝尔打算回家了, 因为他的钱差不多已经花光了, 又被诊断为肺结核. 与此同时, 离他几公里远的地方, 年轻的伽罗瓦正在中学求学, 他们从未谋面. 如果他们二人相遇, 历史又该是什么样子呢?

阿贝尔首先回到了柏林, 在那里呆了三个月, 但身无分文, 又是霍尔姆博借给他 360 台拉, 克莱尔也尽力帮助他. 这段时期, 他把自己最长的论文《关于椭圆函数的研究》(*Recherches sur les fonctions elliptiques*) 写出, 是系统论述椭圆函数的. 这篇论文完成了椭圆积分向椭圆函数研究的转变, 发表在 1827 年 9 月的《克莱尔杂志》上.

1827 年 5 月, 阿贝尔结束了欧洲之行回到克里斯蒂安尼亚, 不过情况完全没有好转, 他陷入贫病交加的境地. 延长资助被拒绝, 也没有得到任何职位. 直到 1828 年, 韩斯廷教授得到了一笔资助到西伯利亚进行地磁研究, 他的职位由阿贝尔暂代, 阿贝尔的经济情况才有所好转.

阿贝尔有一位未婚妻 —— 肯普 (C. Kemp), 是他在 1823 年去丹麦的一次偶然机会认识的, 由于阿贝尔的经济条件, 他们的婚姻始终遥遥无期. 1828 年夏天, 阿贝尔的病情稍有缓解. 那年圣诞节来临之际, 阿贝尔还与肯普去度假, 但圣诞刚过他就卧床不起了.

这时, 阿贝尔的才能逐渐得到了欧洲大陆数学家们的赏识. 他发表的十几篇论文已无可争议地表明, 他是当时最伟大的几位数学家之一. 然而在椭圆函数领域, 一位竞争对手 —— 雅可比出现了. 数学家之间优先权之争屡见不鲜, 关键是发表的前后顺序. 雅可比发表的只是摘要, 这使阿贝尔指出, 他的结果只是自己论文的推论, 从而确立了自己的优先地位.

肺结核在当时是不治之症, 令人感动的是, 本该长期卧床的阿贝尔还拖着病弱的身躯拼命写论文. 这段时间肯普一直都守护在他身边, 阿贝尔生前最牵挂的就是肯普, 他曾给他的朋友凯尔豪 (B. Keilhau) 介绍肯普, 没想到阿贝尔去世后肯普果然与凯尔豪走到了一起.

然而死神还是不期而至. 1829 年 4 月 6 日, 阿贝尔离开了人世, 只活了 26 年又 8 个月. 阿贝尔去世两天之后, 克莱尔高兴地通知他, 已经为他谋到柏林大学的教授职位. 与此同时, 法国科学院为了弥补对阿贝尔论文的忽视, 将阿贝尔 1826 年的论文发表在《法兰西科学院著名科学家论文集》上, 但这都太晚了.

III.9　傲慢与偏见

正当阿贝尔在椭圆函数领域作出重大贡献的同时, 即将中学毕业的伽罗瓦开始思考代数方程根式解的问题. 起初, 他犯了和阿贝尔同样的错误, 以为自己解出了一般的五次方程. 但他很快意识到了这一点, 并重新研究方程根式解的理论, 得到了与阿贝尔相同的结果.

1829 年 5 月 25 日和 6 月 1 日, 伽罗瓦将他研究的方程根式解充要条件的成果写成论文, 呈送给法国科学院. 科学院请柯西做论文的主审, 这时正值阿贝尔去世不久. 然而, 一件事情挫伤了这个良好的开端, 摧毁了伽罗瓦的所有好运.

正当伽罗瓦在学术上取得重大成就时, 他的生活发生了重大变故. 在他第二次报考巴黎综合理工学院的前夕, 他的父亲由于受不了当地牧师的诽谤, 于 1829 年 7 月 2 日饮恨自杀了. 这次可怕的打击及接踵而来的不幸, 给伽罗瓦的心灵留下了深深的印记.

之后不到一个月, 伽罗瓦参加了巴黎综合理工学院的入学考试. 我们前面提到过, 这所学校是当时法国最好的大学. 对于这次考试, 伽罗瓦充满信心, 老师和同学们对伽罗瓦的天赋和学识也深信不疑, 但是他的希望又一次化为泡影.

在入学前的面试中, 主考人故意提出一些人为制造的、错综复杂的问题刁难伽罗瓦, 伽罗瓦认为问题提得不恰当, 只作了简单回答. 接着主考人又就对数提出了一些问题, 伽罗瓦认为这些问题过于简单, 他傲慢的态度使主考人感到难堪和不自在.

伽罗瓦想对主考人介绍自己在数学上的研究成果, 主考人竟然放声狂笑起来, 他们不相信这位羸弱的少年会对他们谈论如此高深的数学问题. 伽罗瓦对主考人的狂傲终于忍受不住了, 他不顾一切地将黑板擦扔向主考人. 就这样, 伽罗瓦第二次蒙受了落榜的耻辱, 再一次被综合理工学院拒之门外.

伽罗瓦不是那种备受社会关注和特殊培养的骄子, 他面对的是接二连三的打击、压制和挑战. 但是, 年轻的伽罗瓦并没有屈服, 不管父亲的死及两次落考使伽罗瓦感到如何悲痛, 他仍然“沉着而镇静”. 在听从理查德的劝告后, 伽罗瓦报考了巴黎高等师范学院 (也简称为巴黎高师).

当时的高等师范学院可没有综合理工学院那么出名, 这种情况一直到 1861 年才得到改变, 达布 (Darboux)在这一年同时考上了这两所学校, 而且都是第一名, 但达布毅然选择了巴黎高师, 从而开了一个先例, 从此大批优秀数学家成了高等师范学院的毕业生, 如风靡一时的布尔巴基学派成员几乎全部毕业于高等师范学院.

在高等师范学院, 伽罗瓦得知了阿贝尔去世的消息, 同时发现自己呈送给科学院的论文中, 也有阿贝尔已经得到的结果. 柯西在审定伽罗瓦的论文时, 考虑到阿贝尔已经取得的结果, 不得不劝告他修改论文.

1830 年 2 月, 伽罗瓦向法国科学院提交了修改后的论文, 这次论文的审查者是傅里叶. 可惜, 傅里叶还没来得及审查论文, 就在这年的 5 月因病去世了, 在他的遗物中未能发现伽罗瓦的手稿. 两次挫折, 使伽罗瓦感到愤怒. 他写信质问法国科学院, 为什么对"小人物"的研究成果如此轻慢.

在这种情况下, 科学院只好建议伽罗瓦再次呈交他的论文. 1831 年 1 月, 伽罗瓦第三次提交他的论文, 题目是《关于方程根式解的条件》(*Analyse d'un Mémoire sur la résolution algébrique des équations*). 在论文后, 伽罗瓦还附上了一篇简短绪言, 他请求审稿人至少要仔细读完他写的论文.

法国科学院委托泊松 (Poisson) 和拉克鲁瓦 (Lacroix) 审查伽罗瓦的论文, 可得出的结论却是论证仍然不清楚. 在他们给科学院的报告中说:

> "我们已经尽力来研究伽罗瓦的证明, 他的推理显得不是很清楚. 到目前为止, 我们还不能对它做出正确评价, 因为有说服力的证明还没有得到. 在这篇报告中, 我们甚至不能给出他的证明思想."

事实上, 他们没能完全理解伽罗瓦的文章. 就这样, 伽罗瓦的伟大发现再次被学术界否定了.

III.10 革　命

这一系列不幸的遭遇接连落在伽罗瓦身上, 使他感到自己成了一个恶劣的社会机构的牺牲品, 这个机构常常化天才为庸常. 他很自然地咒骂万恶的压迫制度, 也正是这个制度将他的父亲逼上了绝路. 他的胸中开始酝酿着一场与社会抗争的暴风骤雨.

伽罗瓦的失败不过是当时社会的一个缩影, 波旁王朝残酷的统治, 迫使巴黎人民再度起义, 法国"七月革命"爆发了. 也许是自己的一时冲动, 也许是对这个社会的极端愤慨, 伽罗瓦立即卷入了这场风潮, 成为一名勇敢的战士, 开始了自己的革命生涯.

革命的原因源于查理十世的敕令, 这严重侵犯了资产阶级的利益, 人民群众的生活更加惨淡, 1830 年 7 月 27 日至 29 日, 法国爆发了起义, 史称“七月革命”. 在整个起义的过程中, 没有巴黎高师的学生. 然而革命的最终成果却被代表大资产阶级利益的路易 • 菲利浦窃取.

师范学院是当时法国最保守的学校之一, 这里的生活方式与修道院极为相似. 吃饭前和早课前后, 学生们都要大声朗读祈祷文, 睡觉前必须听某一宗教题目的谈话, 每个月还要做一次忏悔. 学校还规定, 如果学生一连两个月不做忏悔的话, 就要被开除出校. 这种保守沉闷的学习和生活环境, 使伽罗瓦感到非常压抑.

师范学院的校长吉尼奥 (M. Guigniault) 坚决反对学生们参加 7 月 27 日至 29 日推翻波旁王朝的示威游行活动, 甚至将学校的大门锁上, 防止学生们上街. 伽罗瓦不顾一切地想溜出校门, 投入到街上那情绪激昂的人群中去, 当时他几次努力都失败了.

1830 年 12 月, 由于公开发表嘲讽吉尼奥在七月革命中的投机行为, 他被校方开除了学籍. 这位 19 世纪最有才华的青年因此被剥夺了最后深造的机会. 辍学后的伽罗瓦, 把更多的精力和热情, 投入到日渐激烈的革命活动中去.

1831 年 5 月, 在一次共和派的宴会上, 伽罗瓦充满激情地一手举杯, 一手持刀, 站起来说道:“为路易 • 菲利浦干杯!” 会场顿时大论起来. 第二天, 伽罗瓦以教唆谋害法兰西国王生命未遂罪而被捕入狱. 由于拿不出确凿的证据, 再加上共和派律师的尽力辩护, 法庭只好宣布伽罗瓦无罪释放.

1831 年 7 月 14 日, 伽罗瓦率众上街游行示威. 之所以选择这一天, 是因为 42 年前, 巴黎人民攻占了巴士底狱. 在这次游行中伽罗瓦再次被捕, 并在 10 月份被判处了 6 个月的监禁. 在狱中, 他得知了自己论文再度被拒绝的消息, 决定不再通过科学院发表自己的文章.

在条件恶劣的牢房中, 伽罗瓦仍然不忘思考他的问题. 他开始搜集所有的手稿, 准备通过自己的朋友舍瓦烈 (A. Chevalier) 出版自己的成果. 1832 年 3 月 16 日, 伽罗瓦因病被转移到一家医院. 4 月 29 日, 伽罗瓦刑满释放.

III.11 决　斗

但是, 一场意想不到的灾难又一次降临在他的头上. 在医院里, 伽罗瓦遇到了一个青年女子, 她是一名医生的女儿, 伽罗瓦对她一见倾心, 认为这就是爱情. 后来的发展使得剧情产生了重大变化, 伽罗瓦卷入到一场决斗中, 日期是 5 月 30 日.

思想日渐成熟的伽罗瓦, 并不是仅凭一时的感情冲动去参加这场决斗的. 他在给全体共和派的朋友们的信中激动地写道:

> "我将成为一个下流的卖俏女人的牺牲品而死去. 苍天作证, 我曾用尽方法试图拒绝这场决斗, 只是出于迫不得已才接受了挑战."

从这封信中, 我们清楚地看出, 伽罗瓦并不是盲目冲动地拿自己宝贵的生命来了结这场个人纠纷的, 而是经过了种种努力, 想用其他和平方式来解决两人之间的纠葛. 仅凭我们对伽罗瓦个性的了解, 也不难想象得出, 伽罗瓦是会接受这场挑战的.

还有一封信是写给他的好友舍瓦烈的, 这封信主要谈论数学问题. 它显示了伽罗瓦在生命即将结束的时刻, 仍然惦记着他一生为之奋斗的事业 —— 数学. 在信中, 伽罗瓦概括总结了自己几年来的研究成果, 面对这些凝聚着自己的智慧和心血, 又被一些学术权威多次否定的论文, 伽罗瓦坚信它们是正确的, 因此, 他委托舍瓦烈妥善保管, 并在适当的时候发表.

> "请你公开向雅可比和高斯请教, 并请他们发表自己的意见, 但不是谈论定理正确与否, 而是谈论这些定理的意义."

死神正在一步一步地向伽罗瓦走来, 他的头脑异常清醒. 他快速而认真地审校他的论文, 然而时间太紧迫了, 他不得不在论文的空白处写下了这么一句话:

> "这个论据需要补充, 但我没有时间."

人们无不为伽罗瓦临死前所表现出的镇静和高尚的敬业精神而感动.

第二天, 即 5 月 30 日的清晨, 伽罗瓦和他的对手如约来到冈提勒的阁拉塞尔湖畔. 两人在相距几公尺的地方互相射击, 一颗子弹无情地射中了伽罗瓦的腹部. 一生刚直不屈的伽罗瓦倒下了, 倒在了青春的草地上.

几小时后, 当地的一个农民偶然发现了他, 把他送往科申医院. 第二天, 即 5 月 31 日, 这位未满 21 岁的数学家与世长辞了. 在去世前, 只有他的弟弟阿尔弗雷德在身边, 伽罗瓦的最后一句话是:

“不要哭，阿尔弗雷德！我需要全部的勇气在 20 岁之前死去！”

图 26 康永君的漫画：决斗前的伽罗瓦

III.12 阿贝尔的遗产

阿贝尔与伽罗瓦虽然早逝，但他们的成就已然横亘在现代数学的入口处，供现代人瞻仰乃至膜拜. 阿贝尔证明了五次一般方程没有根式解，他的结果被伽罗瓦扩展，我们留在下一节再说. 在分析学方面，阿贝尔的贡献也是划时代的，这点常常被人忽略.

分析学是 18 至 19 世纪形成的一门数学分支. 经常有人将微积分与分析学等同视之. 实际上，二者还是有很大不同的. 可以这么说，微积分只不过是数学分析的 ABC. 微积分处理的一般是一些比较好的函数 (如多项式函数，显然这是从代数方程而来)，而分析中的函数大都是超越函数.

当时的数学家们主要是按照代数的观点来处理分析, 他们的办法是将超越函数展成幂级数, 这也是微积分与数学分析的主要差别之一. 数学家们间或也有收敛或发散的考虑, 但却不以为意. 特别是自从欧拉得出

$$1+\frac{1}{2^2}+\frac{1}{3^2}+\cdots+\frac{1}{n^2}+\cdots=\frac{\pi^2}{6}$$

的结果后, 形式化地使用无穷级数风靡一时, 常用来表示函数和微分方程的解.

这种级数形式的无穷推广所起的作用绝对不可低估, 只有有了无穷表达式, 才能将具体的函数向前推进一步, 得出一般的函数, 当然在取得丰硕成果的同时, 也得出了一些诸如

$$1+2+4+8+\cdots+2^n+\cdots=-1$$

这样的错误结果, 但在当时这被认为是正确的. 直到 19 世纪初, 数学家们才开始考虑将分析算数化并建立在严格的基础上, 而分析的严格化正是从阿贝尔开始的.

III.12.1 级数收敛判定

阿贝尔首先认识到形式幂级数必须考虑其收敛和发散空间. 他证明, 如果幂级数在 $x=a$ 处收敛, 则在 $|x|<a$ 处也收敛. 而这首先要确定无穷级数收敛的判据, 阿贝尔 (1826 年) 是继柯西 (1821 年) 之后首先给出收敛性判据的. 如今这两个结果普遍为我们熟悉, 翻译成现代语言为以下形式.

定理 III.1 (柯西收敛准则) $\sum a_n$ 收敛的充要条件为: 对于任意的 $\varepsilon>0$, 存在正整数 N, 使得当 $n>N$ 和 $p\geqslant 0$ 时, 均有

$$|a_{n+1}+a_{n+2}+\cdots+a_{n+p}|<\varepsilon.$$

定理 III.2 (阿贝尔收敛准则) 若数列 a_n 单调有界, 级数 $\sum b_n$ 收敛, 则级数 $\sum a_nb_n$ 收敛.

阿贝尔另一项重要结果是纠正柯西的一个大错. 柯西无疑是数学分析严格化的一大功臣, 但他的基础并不牢固. 1821 年, 柯西证明处处收敛的连续函数级数的和也是连续函数, 但阿贝尔在 1826 年给出反例. 阿贝尔还认识到一致收敛的重要性, 经过半个多世纪的研究, 一致收敛的重要性被清楚地认识到, 它与幂级数的逐项微分及积分密切相关.

图 27 挪威皇宫前的阿贝尔雕像

III.12.2 椭圆函数

椭圆函数来源于椭圆积分. 顾名思义, 椭圆积分与椭圆有关系, 它们自然出现在椭圆、双曲线等求弧长的问题当中. 将椭圆积分反演就能得到椭圆函数, 正如将圆积分 $\int_0^t \frac{\mathrm{d}x}{\sqrt{1-x^2}}$ 反演可得到圆函数 $\sin x$ 一样. 勒让德毕生研究椭圆积分, 却从来没想到把椭圆积分反演.

椭圆积分的一般形式为 $\int_a^t R(x,y)\mathrm{d}x$, 其中 $R(x,y)$ 是 x,y 的有理函数, y^2 是 x 的 3 次或 4 次无重因子多项式, 比如双纽线 $r^2=\cos 2\theta$ 的弧长 $\int_0^t \frac{\mathrm{d}x}{\sqrt{1-x^4}}$ 就是最简单的椭圆积分. 将这个积分反演, 就可以得到一个椭圆函数. 椭圆函数极大地扩展了函数的概念, 这在当时可是个了不得的结果.

那时候狄利克雷函数、分段函数还没有概念, 可以说椭圆函数是最早的非初等函数. 所谓非初等函数, 就是指不能通过诸如指数函数、对数函数、幂函数、三角函数和反三角函数等基本初等函数, 经过有限次有理运算及复合得到的函数.

阿贝尔更大的贡献是阿贝尔积分及阿贝尔函数. 所谓阿贝尔积分, 是指形如 $\int_a^t R(x,y)\mathrm{d}x$ 的积分, 其中 $R(x,y)$ 是 x,y 的有理函数, x,y 满足 $f(x,y)=0$. 阿贝尔积分和阿贝尔函数是 19 世纪的主流数学, 几乎所有伟大的数学家都曾在这个领域作出贡献.

椭圆函数与阿贝尔函数的发展主要由德、法两国数学家完成, 特别是椭圆积分的大家勒让德评论道:

“这挪威青年的头脑实在不简单啊!”

而将五次方程和椭圆函数联系在一起的埃尔米特则评价道:

“阿贝尔留下的工作, 够以后数学家忙上 150 年.”

III.12.3 积分方程

阿贝尔在分析方向除了前两个“第一”或“开创”之外, 或许还应该加上第三个, 那就是积分方程. 从微积分创立起, 就开始求解微分方程, 因为自然科学特别是物理学得出的方程大都是微分方程, 但也有部分积分方程来源于数学物理, 与微分方程相比, 积分方程大约晚了两个世纪.

1823 年阿贝尔从一个力学问题出发得出了第一个积分方程. 积分方程在 19 世纪末形成了系统的理论, 在 20 世纪初成为泛函分析的先导, 并最终通向希尔伯特空间的理论. 而阿贝尔的伟大创造, 是这一领域的先声.

III.13 阿贝尔奖

谁不知道诺贝尔 (A. Nobel)的大名? 瑞典人诺贝尔不设数学奖, 相关的传闻自然不会少, 但大多数都是子虚乌有的传说. 最流行的有诺贝尔和瑞典数学家米塔格-莱夫勒的情敌关系之说, 这完全是无稽之谈. 瑞典人在物理、化学、生理医学方向在强手如林的世界中屡屡获奖, 获奖人数超过华人, 挪威人就不行了, 但挪威人也有强项, 那就是数学.

挪威人开始为荣誉而战, 它要倾全国之力设立一个国际数学奖, 就用挪威产生过的最有名望的人 —— 阿贝尔来命名, 并希望在阿贝尔诞辰 100 周年之际设立, 那年诺贝尔奖刚颁发一年. 遗憾的是, 阿贝尔没有遗留财产, 奖金只能靠国家, 靠有钱人来捐献了. 对于当时的挪威来说, 这真有点勉为其难.

1902 年的计划搁浅之后, 又过了 100 年, 在阿贝尔诞辰 200 周年之际, 挪威政府和科学院终于推出了奖金最高的世界数学奖 —— 阿贝尔奖. 为此, 挪威政府

2001 年专门拨款 2 亿挪威克朗作为启动资金. 挪威这样的小国按 GDP 计算远远赶不上中国, 可它的人均 GDP 却远超中国, 甚至超过美国和日本. 挪威用自己纳税人的钱颁发了数学上堪与诺贝尔奖匹敌的阿贝尔奖.

从 2003 年阿贝尔奖首次颁发以来, 截至 2015 年共有 16 位数学家获奖, 他们当中不乏一些菲尔兹奖和沃尔夫奖得主, 甚至包括诺贝尔奖得主. 阿贝尔奖和菲尔兹奖类似, 都只颁给数学家, 不同的是菲尔兹奖是每 4 年颁发一次, 且只奖励年龄在 40 岁以下的年轻数学家.

阿贝尔奖则对获奖者没有年龄限制, 从获奖者来看, 阿贝尔奖类似于沃尔夫奖, 有终身成就的意味, 但沃尔夫奖不止颁给数学, 还涵盖物理、化学、农业、医学等领域. 这三大奖是目前数学界的最高奖项, 甚至有数学家获得过全部的三项数学大奖, 到目前为止, 只有 4 位数学家获此殊荣.

历届阿贝尔奖获得者:

2003 年: 塞尔 (1954 年菲尔兹奖、2000 年沃尔夫奖得主, 首位获得数学界三项大奖的数学家, 获奖领域: 拓扑、代数几何、数论)

2004 年: 阿提亚 (1966 年菲尔兹奖得主)、辛格 (获奖领域: 指标定理)

2005 年: 拉克斯 (1987 年沃尔夫奖得主, 获奖领域: 偏微分方程)

2006 年: 卡尔松 (1992 年沃尔夫奖获得主, 获奖领域: 调和分析、动力系统)

2007 年: 瓦拉丹 (获奖领域: 概率)

2008 年: 汤普森 (1970 年菲尔兹奖、1992 年沃尔夫奖得主, 第 2 位获得数学界三项大奖的数学家)、蒂茨 (1993 年沃尔夫奖得主)(获奖领域: 代数)

2009 年: 格罗莫夫 (1993 年沃尔夫奖得主, 获奖领域: 几何)

2010 年: 塔特 (2002 年沃尔夫奖得主, 获奖领域: 数论)

2011 年: 米尔诺 (1962 年菲尔兹奖、1989 年沃尔夫奖得主, 第 3 位获得数学界三项大奖的数学家, 获奖领域: 拓扑、几何)

2012 年: 塞迈雷迪 (获奖领域: 离散数学、理论计算机科学)

2013 年: 德利涅 (1978 年菲尔兹奖、1988 年沃尔夫奖得主, 第 4 位获得数学界三项大奖的数学家, 获奖领域: 代数几何、数论和表示论)

2014 年: 西奈 (1997 年沃尔夫奖得主, 获奖领域: 动力系统、遍历理论与数学物理)

2015 年：纳什 (诺贝尔经济学奖，获奖领域：博弈论、非线性偏微分方程)，尼伦伯格 (获奖领域：非线性偏微分方程)

III.14 伽罗瓦理论

伽罗瓦的贡献主要是伽罗瓦理论. 时至今日，这套理论对于数学专业的大学生和研究生来说仍然相当艰深. 200 年来，伽罗瓦理论一直被称为最优美的理论. 此外，伽罗瓦还是最早引入有限域的数学家，他对数论和分析也有研究，包括阿贝尔研究过的椭圆函数.

阿贝尔在 1826 年得到的阿贝尔定理：

定理 III.3 (阿贝尔定理) *不是所有五次方程都有根式解.*

伽罗瓦则进一步指出哪些方程可根式解，哪些不可以根式解，这个定理现在被称为伽罗瓦定理：

定理 III.4 (伽罗瓦定理) *一个代数方程可根式解，当且仅当它对应的群是可解群.*

伽罗瓦是通过改进朗格朗日的思想来研究可用根式求解的代数方程的特性的. 因为对于一般方程来说，拉格朗日预解式的构造并不存在明确的方法，而对于较特殊的方程，要构造预解方程也需要一定的技巧. 伽罗瓦的思想是设法绕开拉格朗日预解式，他把代数方程可解性理论问题转化为与方程相关的置换群及其子群结构的分析问题，根据置换群的结构确定方程根的结构，这是伽罗瓦工作的重大发现.

伽罗瓦系统研究方程根的排列置换性质，首次定义了置换群的概念，他认为了解置换群是解决方程理论问题的关键. 在他 1831 年的论文中，伽罗瓦首次提出“群”这一名称，他把具有封闭性的置换的集合称为“群”. 实际上，这只是抽象群的一条重要性质而已.

伽罗瓦的工作中引进了三个具有决定意义的概念：伽罗瓦群、正规子群、可解群. 利用它们三者之间的内在关系系统，伽罗瓦解决了代数方程可解性问题. 首先，伽罗瓦注意到每个方程都可以与一个置换群联系，即与它的根之间的某些置换组成的群联系，现在称之为伽罗瓦群. 对于任一个取有理数的关于根的多项式函数，伽罗瓦群中的每个置换都使这函数的值不变. 反过来，如果伽罗瓦群中的每个置换都使这个函数的值不变，则这多项式函数的值是有理的. 因此一个方程的伽罗瓦群完

全体现了它的根 (整体) 的对称性.

为了刻画可用根式求解的代数方程的特性, 伽罗瓦将每个方程对应一个域, 即含有方程全部根的域 (现在称之为方程的伽罗瓦域), 这个域又对应一个群, 即这个方程的伽罗瓦群. 这个方程是否可用根式求解的关键是: 这个方程的系数域是否可以经过有限次添加根式而扩张为根域. 伽罗瓦经过认真研究, 引入了域上的自同构群的概念, 使域与群发生了联系, 即建立了伽罗瓦域的子域与伽罗瓦子群之间的一一对应关系.

伽罗瓦的第二个重要概念是正规子群. 它是伽罗瓦将二项方程作为辅助方程进行研究时引入的. 正规子群概念的引入及其性质、作用的研究, 是伽罗瓦工作的又一重大突破. 利用它可以区分合成群与单群的概念; 利用它的性质还可以判别已知方程能否转化为低次方程的可解性问题.

伽罗瓦的思想方法大致是这样的: 首先定义正规子群的概念, 群 G 的子群 N 叫作 G 的正规子群, 是指对于每个 $g \in G$, 有 $g^{-1}Ng = N$. 其次是寻找极大正规子群列, 确定极大正规子群列的一系列合成因子. 如果一个群所生成的全部合成因子都是素数, 就得到了伽罗瓦的第三个重要概念: 可解群.

伽罗瓦所用的"可解群"术语非常恰当. 他利用这一概念刻画了用根式解方程的特性, 给出了一个方程可用根式解的判别准则: 一个方程可用根式解的充要条件是这个方程的伽罗瓦群是可解群. 虽然这一准则不能使一个确定方程的精确求解更为简单, 但它确实提供了一些方法, 可以用来得出低于五次的一般方程, 以及二项方程和某些特殊类型方程的可解性的有关结果, 还可以直接推论出高于四次的一般方程的不可解性.

伽罗瓦的这种思想方法与众不同, 他没有像他的前辈那样直接进行计算, 而是提出群的概念, 研究群的结构, 从观念上突破了传统的思维方式, 使人们从偏重计算的研究方式转变为用"群结构"观念思维的方式, 并用这种观念构造新的证明.

伽罗瓦的这项奠基性工作及其思想中孕育的开创精神, 并未得到他同时代人的充分赏识和理解, 其原因不是人为的偏见, 而是当时人们认识上的不足. 伽罗瓦死后, 他的全部数学著作由他的弟弟转给了舍瓦烈, 但舍瓦烈找不到愿意出版这些著作的人.

随着时间的推移, 伽罗瓦的名字渐渐地被人们遗忘了. 一直到 1846 年, 即伽罗瓦去世后 14 年, 刘维尔 (J. Liouville) 在《纯粹与应用数学年刊》上编辑出版了伽罗瓦的部分文章, 伽罗瓦的理论开始受到法、英、德、意大利等国数学家的关注, 并得到很大的发展. 特别是若尔当 1870 年出版的《置换与代数方程专论》全面介绍了伽罗瓦的理论. 从此, 群论和伽罗瓦的全部工作才真正被归入数学的主流.

III.15 结　　语

阿贝尔、伽罗瓦的一生如同倏忽即逝的流星, 但他们却在天际留下了永恒的光芒. 也许是上天的有意安排, 当他们与柯西、傅里叶这样的巨星相遇时, 没有产生更为绚烂的碰撞, 而是擦肩而过, 徒令后人唏嘘. 我们既无法设想阿贝尔和伽罗瓦在受到不公正对待时心中的愤恨, 也很难想象柯西和傅里叶有知后将作何感想!

历史虽然不能假设, 但我们知道的是：两百年来, 阿贝尔与伽罗瓦的传奇经历激励了一代又一代人为数学而奋斗；阿贝尔与伽罗瓦已经成为一座丰碑, 无数人瞻仰乃至膜拜, 站在他们的肩膀上取得了更大的成就. 然而谁也说不清楚的是, 到底是天纵英才还是天妒英才？他们的一生, 怎一个传奇了得?

参 考 文 献

段学复. 1999. 段学复文集 [C]. 北京: 北京大学出版社.

冯克勤, 李尚志, 章璞. 2009. 近世代数引论 [M]. 合肥: 中国科学技术大学出版社.

冯克勤. 2002. 代数数论简史 [M]. 长沙: 湖南教育出版社.

冯绪宁, 袁向东. 2006. 中国近代代数史简编 [M]. 济南: 山东教育出版社.

韩士安, 林磊. 2008. 近世代数 [M]. 北京: 科学出版社.

胡俊美. 2009. 有限单群分类的历史研究 [D]. 石家庄: 河北师范大学.

胡作玄, 邓明立. 1999. 20 世纪数学思想 [M]. 济南: 山东教育出版社.

胡作玄. 2006. 近代数学史 [M]. 济南: 山东教育出版社.

胡作玄. 2008. 数学是什么 [M]. 北京: 北京大学出版社.

汤涛, 丁玖. 2013. 数学之英文写作 [M]. 北京: 高等教育出版社.

万哲先. 2010. 中国的代数学 [M]//丘成桐, 杨乐, 季理真. 数学与人文. 北京: 高等教育出版社: 275–283.

王萼芳. 2002. 有限群论基础 [M]. 北京: 清华大学出版社.

徐明耀. 1999. 有限群导引 [M]. 北京: 科学出版社.

徐明耀. 2014. 有限群初步 [M]. 北京: 科学出版社.

章璞. 2013. 伽罗瓦理论：天才的激情 [M]. 北京: 高等教育出版社.

Bewersdorff J. 2006. Galois Theory for Beginners: A Historical Perspective[M]. American Mathematical Society.

Burnside W. 1911. Theory of Groups of Finite Order[M]. New York: Cambridge University Press.

Corry L. 2012. Modern Algebra and the Rise of Mathematical Structures[M]. Boston: Birkhäuser.

de Bruijn N G. 1979. A note on the Cauchy-Frobenius lemma[J]. Indagationes Mathematicae Proceedings, 82(1): 225–228.

Edwards H M. 1984. Galois Theory[M]. 北京: 世界图书出版公司.

Eick B, O'Brien E A. 1999. The Groups of Order 512[M]//Algorithmic Algebra and Number Theory. Berlin-Heidelberg: Springer. 379–380.

Gauss C F. 2011. 算术探索 [M]. 潘承彪, 张明尧, 译. 哈尔滨: 哈尔滨工业大学出版社.

Hungerford T W. 2006. Algebra[M]. 北京: 世界图书出版公司.

James R, Newman M F, O'Brien E A. 1990. The groups of order 128[J]. Journal of Algebra, 129(1): 136–158.

Kleiner I. 1986. The evolution of group theory: A brief survey[J]. Mathematics Magazine, 59(4): 195–215.

Kleiner I. 2007. A hisotry of Abstract Algebra[M]. Boston: Birkhäuser.

Meo M. 2004. The mathematical life of Cauchy's group theorem[J]. Historia Mathematica, 31(2): 196–221.

Miller G A. 1910. The Founder of Group Theory[J]. The American Mathematical Monthly, 17(8/9): 162–165.

Neumann P M. 1989. On the date of Cauchy's contributions to the founding of the theory of groups[J]. Bulletin of the Australian Mathematical Society, 40(02): 293–302.

Neumann, P M. 1979. A lemma that is not Burnside's[J]. The Mathematical Scientist, 4(2): 133–141.

Nicholson J. 1993. The development and understanding of the concept of quotient group[J]. Historia Mathematica, 20(1): 68–88.

O'Brien E A. 1991. The groups of order 256[J]. Journal of Algebra, 143(1): 219–235.

Rodemich E. 1980. The groups of order 128[J]. Journal of Algebra, 67(1): 129–142.

Rotman J. 1995. An Introduction to the Theory of Groups[M]. 北京: 世界图书出版公司.

Shafarevich I. R. 2014. 代数基本概念 [M]. 北京: 高等教育出版社.

Stahl S. 2013. Introductory Modern Algebra: A Historical Approach[M]. Hoboken: John Wiley & Sons, Inc.

Tignol J P. 2001. Galois' theory of algebraic equations[M]. Singapore: World Scientific.

van der Waerden B L. 1985. A history of algebra[M]. Berlin-Heidelberg: Springer-Verlag.

Waterhouse W C. 1980. The early proofs of Sylow's theorem[J]. Archive for History of Exact Sciences, 21(3): 279–290.

Wright E M. 1981. Burnside's lemma: A historical note[J]. Journal of Combinatorial Theory, Series B, 30(1): 89–90.

Wussing H. 2007. The Genesis of the Abstract Group Concept: A contribution to the History of the Origin of Abstract Group Theory[M]. Cambridge: MIT Press.

名 词 索 引

人 名 索 引